R. 2992. porté
D. 5.

ANTI-EMILE

PAR

Mr. FORMEY.

Tai-toi, Jean Jacques.
Voyez Emile, Tom. I. p. 255.
& ci-deſſous, p. 82.

À BERLIN,
chez JOACHIM PAULI, Libraire
SOUS LES ARCADES.
MDCCLXIII.

À
SON ALTESSE ROYALE,
MONSEIGNEUR
LE PRINCE
FERDINAND,
FRERE DU ROI.

À
SON ALTESSE ROYALE
MONSEIGNEUR
LE PRINCE
FERDINAND,
FILS DU ROI.

MONSEIGNEUR,

Défendre la cause de la Religion, c'est défendre celle des Princes, dont le Thrône n'a point de plus ferme appui que cette doctrine céleste, destinée à rendre les hommes vertueux & heureux. Mais, à quelque degré d'évidence qu'on puisse pousser les raisonnemens sur ce sujet, l'exemple des Princes mêmes est d'une toute autre efficace. On ne voit jamais mieux briller sur leur auguste front l'empreinte d'une vraye majesté, qui lorsqu'ils s'empressent les premiers à rendre à la Majesté divine tous les hommages qui lui sont dûs.

Ce trait, MONSEIGNEUR, Vous caractérise si glorieusement que ce seroit en quelque sorte profaner Votre eloge que d'y en joindre d'autres. Le sang royal qui coule dans Vos veines, les lauriers éclatans que Vous avez cueillis en défendant la Patrie, toutes ces Vertus qui font également respecter & chérir VOTRE ALTESSE ROYALE, tirent leur prix du principe qui n'a jamais cessé de Vous

ani-

animer, de la crainte du Très-Haut & de l'amour de 'a Religion.

Puissiez - Vous, MONSEIGNEUR, donner encore long-tems un si bel exemple à la Terre! Puisse cet Ordre distingué depuis si long-tems & par tant d'endroits, qui vient de célébrer avec des transports d'allegresse le beau jour qui Vous a mis à sa tête, jouïr de ce bonheur au moins pendant un demi-siecle! Puisse une heureuse Paix, en réunissant bientôt toutes les Personnes sacrées qui composent la Maison Royale, en les replaçant sous les yeux, & pour ainsi dire, dans le sein du Pere de la Patrie, de ce GRAND ROI, l'objet perpétuel de nos veux les plus ardens, faire succéder aux calamités d'une Guerre funeste, l'abondance, la prospérité,

toutes

toutes les grâces du Ciel, & toute la reconnoissance qui peut seule nous en assurer la continuation.

Je suis avec le plus profond respect,

MONSEIGNEUR,

DE VOTRE ALTESSE ROYALE,

A Berlin,
le 4. Octobre 1762.

Le très humble & très obéissant
serviteur,

FORMEY.

ANTI-

ANTI-EMILE.

INTRODUCTION.

Les *Anti* perfonels font odieux, ou du moins fufpects. Quand on déclare la guerre à quelcun, il eft bien rare qu'on ne commette aucun de ces excès qui font inévitables dans les guerres en général, dans celles qui font les plus légitimes & les mieux réglées. Il n'en eft pas de même me des *Anti* réels, de ceux où l'on se propose la réfutation de quelque sentiment, de quelque doctrine : ils sont permis, ils sont souvent nécessaires. La Vérité est un bien commun à tous les êtres capables d'en acquérir la jouissance ; c'est même le plus précieux dont ils puissent jouïr. On ne sauroit donc contester le droit de la maintenir & de la défendre à tous ceux qui veulent se charger de cette fonction, & qui ont la capacité requise pour s'en bien acquitter. C'est la cause du genre humain qu'ils plaident ; ce sont les intérêts de la société qu'ils prennent en main.

La premiere voye à la vérité de réprimer les attentats de ceux qui veulent répandre des principes pernicieux au bien public, c'est celle de l'autorité souveraine. Cette autorité ne sauroit être mieux employée. A quoi serviroit-il que le Magistrat veillât à la santé, à la po-

police, à la sureté, s'il laissoit manœuvrer impunément des gens qui sappent par les fondemens tout l'édifice de la société, qui rompent & détruisent les seuls liens réels par lesquels les hommes puissent être unis, pour en faire de prétendus philosophes, qui ne savent pas se conduire eux-mêmes, bien loin d'être en état de conduire les autres. On ne peut donc que donner les plus justes éloges aux mesures qui ont été prises par les Tribunaux, chargés du depôt sacré de la Religion & des Loix, pour montrer l'indignation qu'ils avoient conçue contre un Ouvrage, où l'on a mis le comble à tout ce qui avoit été dit jusqu'ici contre les principes recus, & respectés parce qu'ils méritent de l'être, & qu'ils portent l'empreinte, non seulement de la sagesse humaine, mais de la sagesse divine. Les déclarations émanées de ces Tribunaux sont conçues

d'une

d'une maniere qui fait infiniment d'honneur aux Magistrats qui les ont rédigées: ils y parlent avec ce ton de dignité qui convient si bien à la place qu'ils occupent, & à la cause qu'ils soutiennent; ils y étalent, avec une force victorieuse, toute l'inconséquence & tout le danger des dogmes proscrits; ils y prennent les mesures les plus propres à en arrêter les pernicieux effets. Ceux qui, après avoir lû ces Arrêts, voudroient crier à l'intolérance, montreroient aussi peu de bon sens que s'ils condamnoient la conduite d'un pere de famille, lorsqu'il écarte soigneusement de sa maison ceux qui gâtent & corrompent sa famille, & les en chasse même avec véhémence lorsqu'ils ont l'audace de s'opiniâtrer, de s'acharner à l'exécution de leurs funestes entreprises.

Mais pourquoi faut-il que les Auteurs des Livres dangereux qui se font
tant

tant multipliés de nos jours, attendent qu'on en vienne à ces extrêmités contr'eux, & forcent même à y venir? Que gagnent-ils à se charger ainsi de l'indignation publique, & à courir tous les risques qui y sont attachés? Quel bien font-ils par là à eux-mêmes, ou aux autres? Croyent-ils de bonne foi qu'une société, guidée par leurs principes, régie par leurs loix, appuyée sur leurs motifs, fût plus parfaite & plus heureuse que celles dont ils sont membres? Il y voyent des abus, je le veux, je leur accorde même à cet égard une vue plus perçante que celle du vulgaire. Mais croyent-ils être les seuls à découvrir ces abus? S'imaginent-ils qu'ils échapent aux gens sensés, à des gens accoutumés à réfléchir, capables s'ils le vouloient de donner l'essor à leur imagination, de débiter des choses plus fortes encore & plus hardies que toutes

celles

celles qui se produisent actuellement au grand jour? Il n'y a point d'homme éclairé & occupé de ces objets, à qui toutes les difficultés ne soyent connues, & qui, en les pesant, ne les ait poussées jusqu'où elles peuvent aller. Mais il n'y a point d'homme judicieux, qui ne soit ramené au vrai, au décent, à l'utile, par des considérations décisives qui l'y fixent d'une maniere inébranlable. Qu'il me soit permis d'étendre un moment cette idée, & de m'adresser ici à tous les Ecrivains qui passent aujourd'hui pour faire cause commune, qui ont formé le dessein de détruire la Religion, ou du moins de l'affoiblir & de l'énerver. Je les conjure de se consulter eux-mêmes, & de voir de bonne foi s'ils auroient quelques réponses solides à faire aux réflexions suivantes.

1. Pourquoi écrire des Livres dangereux? Ce ne peut plus être pour se dis-

distinguer; la route est aujourdhui trop battue. Ce ne sauroit être par amour pour la vérité; car quelles sont les vérités qu'on enseigne aux hommes? On les conduit au contraire à un doute universel, dont on a beau nier l'influence sur la pratique; elle n'est que trop réelle. Ceux qui enseignent cette doctrine destructive, peuvent vivre moralement bien, je le veux; mais des milliers de personnes que ce venin infecte, suivront-elles leur exemple? Et ne profiteront-elles pas plutôt de la licence à laquelle menent leurs principes?

2. Le bonheur temporel des hommes dépend de l'union aussi parfaite qu'il est possible de ces trois choses; une saine Religion, une saine Politique, une saine Philosophie. Tout le prix de la Philosophie, qui n'est d'ailleurs pas faite pour le vulgaire, consiste à

épu-

épurer les deux autres sources du bonheur, la Religion & la Politique. Mais il semble aujourdhui qu'elle veuille demeurer seule maîtresse & victorieuse sur les débris des deux autres. Cela ne lui réussira jamais. Les hommes ne peuvent, ni ne veulent, se laisser gouverner par des Philosophes, & par la Philosophie. Il leur faut des Loix, & un Culte fondé sur des dogmes & des faits. Si la Philosophie rend la Législation plus humaine, & la Religion moins superstitieuse, on lui aura les plus grandes obligations. Si elle veut renverser le Trône & l'Autel, on la méprisera, on la détestera.

3. C'est ce dont on voit un indice marqué dans le soulevement général qu'excitent depuis quelques années les Ouvrages par lesquels on a voulu achever de lever toutes les barrieres, d'affranchir les hommes de toutes les obligations.

gations. Qu'on ne dise point que l'esprit de domination & de persécution, le crédit & les intérêts du Clergé, & d'autres causes semblables, interviennent dans cette occasion. Non; c'est la voix, c'est le cri de la Nature. Oter à l'homme la Religion & la Législation, c'est arracher un enfant du sein de sa Nourrice pour le laisser périr au milieu des deserts les plus arides.

4. Abrégeons les Controverses. Je crois la Religion démontrable, je la crois démontrée. Mais je n'ai rien de nouveau à dire là dessus; tout est dit. Je prens donc un autre tour. Que la Religion soit ce que l'on voudra, fiction toute pure; je laisse passer cette supposition. Elle demeurera toujours le lien de la Société, & l'appui le plus solide de la tranquillité publique. Les Philosophes anti-religieux disent que les anciens Législateurs se sont servis de cette

invention pour réunir les hommes & fonder les Etats. Eh! bien, dirai-je à ces Philosophes, soyez aussi sages que les Législateurs & les peuples; profitez de cette excellente invention; pensez-en intérieurement tout ce qu'il vous plaira; mais ne croyez pas avoir une vocation à renverser cet édifice après la ruine duquel les hommes n'auront plus de retraite. Que vous coûte le silence! Rien du tout. Au lieu que vos discours & vos écrits coûtent au genre humain ce qu'il a de plus précieux; peu importe que ce soit une douce illusion, dès que vous n'avez à lui offrir en échange que l'incertitude, de tous les états de l'ame le plus incommode.

5. Un vrai Sage dit: Quand je verrois tout ce que prétendent voir nos Philosophes modernes, (& il y a bien des choses que je vois mieux, & que j'exprimerois plus fortement qu'eux, si je
le

je voulois) je me garderois bien de révéler, à de bonnes gens qui n'ont que ce moyen d'être aftreints à l'ordre, & d'en recueillir les doux fruits, un fecret qui les plonge fans retour dans la plus affreufe mifére.

6. Tout Gouvernement eft en droit de profcrire, c'eft à dire, de prohiber les doctrines qu'il juge contraires au bien public. Cela eft auffi vrai à Conftantinople qu'à Paris. Il eft auffi déraifonnable d'attaquer le Mahométisme que le Chriftianifme, dès qu'on n'a que l'irréligion à y fubftituer. Combattre *pro aris*, c'eft combattre en même tems *pro focis*. Dès que l'Autel tombe, les foyers font en danger. La main qui abat le premier, n'épargnera pas les autres: au moins ne voit-on rien qui l'en empêche.

7. Cela fait voir qu'on ne fauroit retorquer l'argument contre l'origine de la Religion Chrêtienne, & dire que les

Payens

Payens avoient le droit d'étouffer cette Religion au berceau. Les Apôtres ne venoient pas détruire purement & simplement : ils édifioient. C'étoit au Payen à comparer les deux édifices, & à choisir. Quel tort lui faisoit-on en lui offrant ce choix ? Ou plutôt, quel avantage plus grand pour lui que celui de quitter une Religion toute impure, afin d'embrasser une Religion toute sainte, telle que *Pline*, Payen & Juge, a été obligé de la reconnoître.

8. Dans le Système du Déiste, (car l'Athée est indigne de réfutation,) la Religion, fut-elle une doctrine humaine, doit être regardée comme un moyen qui entre dans le plan de la Providence, pour rendre les hommes meilleurs & plus heureux ici bas. Voilà le point de vue sous lequel tout Philosophe & tout Prince doivent l'envisager: alors

alors ils la respecteront, & la feront respecter.

9. Ceux qui attaquent la Religion, ne le faisant pas dans la vue de procurer quelque bien aux hommes, devroient au moins consulter leurs propres intérêts qu'ils paroissent méconnoître entierement. Les Apôtres ont enduré le mépris & la persécution pour de bonnes raisons, ou pour des raisons qu'ils croyoient bonnes. Mais les Incrédules n'ont aucune ombre de raison de s'attirer de la part de ceux avec qui ils vivent les traitemens qu'on leur inflige. Ils ont des talens; il y a tant d'autres moyens de les faire valoir, & de conserver avec cela l'estime publique. Mais celui qu'ils choisissent, passe l'éponge sur tous leurs talens, ou même les rend odieux. Je ne comprens rien à ce travers. J'entrevois bien, qu'outre la célébrité qu'ils croyent faussement acquérir, ils s'attendent

dent à produire une révolution dans les esprits, qui les fera passer pour les Apôtres de la raison, & les flambeaux du genre humain. Mais j'ose leur certifier que cela n'arrivera jamais, ni pendant leur vie, ni après leur mort; de sorte que la postérité pensera sur leur compte comme on pense aujourdhui; & que jamais Incrédule déclaré, quelque rang qu'il ait occupé, quelques talens qu'il ait eus, quelque grandes choses qu'il ait faites, ne passera pour un grand homme. Cette idée fortement gravée dans les esprits de quantité de personnes, les auroit préservé d'une foule d'écarts. Il restera toujours assez de gens sensés pour donner le ton, & pour maintenir cet axiome, c'est que; *Quand la Religion ne seroit pas le souverain bien éternel de l'homme, la persuasion de la Religion, & une conduite réglée sur cette persuasion, demeureroient son souverain bien temporel.*

J'en-

J'entens toujours une Religion assez épurée pour ne pas autoriser les vices; & ce caractere convient assurèment au Mahométisme, au Judaïsme, mais surtout au Christianisme, à qui l'on ne sauroit refuser la prérogative d'être la plus parfaite de toutes les doctrines religieuses qui ont jamais été proposées aux hommes.

Quand je ne serois pas affermi dans ma créance & dans ma pratique par des principes réflèchis, ces considérations me préserveroient toujours de la façon de penser & d'écrire, qu'on reproche à juste titre à ceux qu'on appelle aujourd'hui *Philosophes*. Plus au contraire ils ont outré les choses, plus je me suis senti affermi dans ce que je crois pouvoir appeller la bonne voye.

Ces observations préliminaires trouvent, ce me semble, une place fort naturelle à la tête de l'Ouvrage qu'a va lire.

Je

Je me propose d'y faire une suite de Remarques sur tous les endroits *d'Emile*, qui m'en fourniront l'occasion. J'aurois pu travailler à tirer des quatre Volumes de ce Roman le Système de l'Auteur, le représenter exactement, & ensuite en attaquer les principes & les conséquences. Mais, outre que cette tâche demandoit plus de loisir que je n'en ai présentement, la chose n'est peut-être pas faisable. Les Esprits-forts de ce siècle, qui ont allié le bel-esprit à la liberté de penser, ne se piquent gueres de méthode; ils affectent même, si je puis m'exprimer ainsi, de lui tourner le dos. Tantôt ils écrivent par Pensées véritablement détachées, & tout à fait incohérentes: & j'ai eu occasion de leur reprocher ce défaut dans mes *Pensées raisonnables opposées aux Pensées philosophiques*. Tantôt ils inventent des fictions, dans lesquelles ils répandent leurs opinions

nions, les incorporant en quelque forte dans les faits, & les femant d'une maniere fi éparpillée qu'il faudroit beaucoup de patience pour les raſſembler, & beaucoup d'art pour les ramener à des notions vrayement déterminées. De ce genre font *la nouvelle Heloiſe*, & *Emile*, qui, en ſe fuivant de près, ont mis à nud l'ame de leur Auteur, & ne laiſſent plus aucun doute ſur ſes intentions. Il y a bien loin de là à des ouvrages ſyſtèmatiques; & cela n'eſt pas ſurprenant, puisque l'Incrédulité n'eſt pas faite pour devenir un Syſtème, & n'en deviendra jamais un, tant qu'on entendra par Syſtème, un aſſemblage de vérités liées entr'elles & ſubordonnées les unes aux autres d'une maniere démonſtrative.

J'ajoute que des Remarques telles que je les donne ici, ſuivant l'ordre des Volumes & des pages, me paroiſſent plus convenables à l'utilité de ceux qui voudront

dront lire ou relire *Emile*, s'arrêter aux paſſages que concernent mes Remarques, les comparer avec elles, & juger eux-mêmes de leur ſolidité. On pourroit auſſi les inſérer au deſſous du Texte dans une nouvelle Edition d'*Emile*; & mettre par là le procès tout inſtruit ſous les yeux de ceux qui voudront y apporter l'attention qu'il mérite. De maniere ou d'autre, je ſouhaite ardemment que ce nouveau fruit de ma méditation & de ma plume tourne à l'utilité publique, à laquelle je le conſacre, comme j'y ai conſacré tous les précédens.

REMARQUES
SUR
EMILE.

Tome I. page I. de la Préface. *

Ce Recueil de réflexions & d'observations, sans ordre & presque sans suite, fut commencé pour complaire à une bonne Mère qui sait penser.

Certaines fictions ne siéent pas mal à la tête des Ouvrages, mais il y en a d'autres

B 2   qui

---

* Je suis l'Edition en 4 Volumes qui porte, à Amsterdam, chez Neaulme, mais qui n'est pourtant pas l'Edition originale de ce Libraire. Je la crois de Lyon.

qui répugnent. Où est le Lecteur sensé qui admettra la supposition, que M. R. a commencé cet Ouvrage, il y a longues années, & qu'il l'a commencé pour l'amour de sa Mere? L'envie qu'il a en général d'illustrer ses parens en les représentant comme des gens à profonde méditation, en faisant de son pere, tantôt un politique, qui sonde les profondeurs de Tacite, tantôt un militaire, qui se signale dans les champs de Mars, aujourdhui de sa Mere, une *penseuse*, à qui Emile peut être offert, cette envie, dis-je, n'est qu'une singularité de plus, qui n'est pas plus spécieuse que toutes celles dont ses Ecrits fourmillent. Que l'Abbé *Aubert* dédie ses Fables à sa Mere, cela est à sa place; mais que le recueil des paradoxes les plus outrés du Citoyen de Geneve ait été entrepris pour instruire, ou pour amuser Madame *Rousseau*, c'est ce que personne ne sera d'assez bonne composition pour admettre. Il en est de même de tout ce qui suit sur l'état de ce Livre dans son origine, sur les irrésolutions de l'Auteur par rapport à sa publication, &c. Ce sont autant de détours usés, & qui conviennent moins à M. R. qu'à personne, puisque personne ne mit jamais ses productions au jour avec une résolution plus déterminée de les y mettre, & d'en courir tous les risques.

Page III.

Depuis des tems infinis il n'y a qu'un cri contre la pratique établie (de l'éducation.)

M. R. est le seul à qui ce cri soit parvenu. On trouve des défauts dans les divers plans d'éducation, parce qu'il n'y a rien de parfait dans les choses humaines; mais d'ailleurs, généralement parlant, l'éducation est sur un bon pied, & M. R. pouvoit en bonne conscience l'y laisser, dès-là surtout qu'il ne vouloit subsister aux eleves ordinaires que des *Emiles*.

Ibid.

Mon sujet étoit tout neuf après le livre de Locke.

Il y a cependant bien d'autres Traités d'éducation connus & estimés, qui ne sauroient être ignorés de l'Auteur.

LIVRE I. page I.

Tout dégénère entre les mains de l'homme.

D'après une pareille assertion on peut tirer l'horoscope de tout ce qui suivra. Est-ce faire dégénérer, que d'enter, de greffer, de transplanter? Tous les chefs d'œuvre

B 3   de

de tant d'Arts qui embellissent notre séjour, sont-ils propres à prouver que l'homme *bouleverse tout, défigure tout; qu'il aime la difformité, les monstres.* S'il étoit possible que M. R. exécutât tous ses plans, fît un Monde, une Société, vis a vis du Monde, de la Société qu'il réprouve; ce seroit le cas des productions dégénérées & monstrueuses.

Page 3. dans la Note.
Parlez toujours aux femmes par préférence dans vos Traités d'éducation.

Le parallele des peres & des meres qui se trouve ici, est faux & injuste. Les meres sont seules capables de soigner les enfans; mais il s'en faut bien qu'elles le soyent de les élever. Foibles pour l'ordinaire & capricieuses, elles prodiguent les caresses ou les mauvais traitemens; elles ont des prédilections & des aversions. D'ailleurs leur esprit n'est pas pour l'ordinaire assez étendu pour saisir un système d'éducation; & les occupations domestiques dont elles sont chargées, ne leur permettroient pas de veiller à son exécution. C'est donc aux peres à s'en charger. On sent bien qu'il y a ici des exceptions réciproques, de dignes & d'habiles meres, d'indignes

dignes & d'inhabiles peres: mais c'est au général qu'il faut toujours avoir égard.

Page 9.

Il faut opter entre faire un homme & un citoyen; car on ne peut faire à la fois l'un & l'autre.

C'est précisément le contraire. Si l'on ne fait pas le citoyen en faisant l'homme, on dénature l'homme, on le détourne de sa destination. La nature n'est que l'aptitude à recevoir les institutions sociales; en la tournant, en la fléchissant du côté opposé, on la pervertit, on la détruit.

Ibid.

Tout patriote est dur aux étrangers.

Ouï, le patriote à préjugés, qui a de fausses notions des motifs qui l'attachent à sa patrie, & les croit en opposition avec ceux qui devroient l'attacher aux autres hommes. Mais le vrai patriote est un homme éclairé, instruit de tous ses devoirs, & attentif à les pratiquer d'une maniere exactement conforme à leur subordination.

Page 10.

Tel Philosophe aime les Tartares pour être dispensé d'aimer ses voisins.

Il en est de ce Philosophe comme du patriote dont on vient de parler; il ne connoît, noit, ni ses devoirs, ni leur subordination. Ce n'est donc pas un Philosophe, comme l'autre n'est pas un patriote.

Page 11.

Un Citoyen de Rome - - - Le Lacédémonien Pédarete - - - Une femme de Sparte - - -

Tous ces exemples ne prouvent autre chose, sinon qu'il y avoit autrefois des formes de gouvernement qui ne subsistent plus aujourdhui; qu'un Anglois, un François, n'est pas un Lacédémonien, un Romain, ne se fait pas les mêmes idées des devoirs du Citoyen. Mais cela ne prouve pas qu'on ne puisse être Citoyen qu'avec ces idées, en partant des mêmes principes, & en pratiquant les mêmes devoirs. Un François qui aime sa patrie, son Roi, sa Ville, sa famille, & qui agit en conséquence, est un bon Citoyen, meilleur peut-être que le Romain & le Spa... hez qui il y avoit plus d'illusion & d'en ...iasme que de jugement & de réflexion.

Page 13.

Ces deux mots, patrie & citoyen, doivent être effacés des langues modernes.

Ils doivent y être conservés avec les définitions qui leur conviennent.

Page 14.
Ces rifibles établiffemens qu'on appelle Colleges.

Où eſt-ce que M. R. a appris à penſer & à écrire? S'il avoit été élevé à la ſauvage, ou même *à l'Emile*, je doute que ſon nom fut connu. Peut-être à la vérité que cela fait preuve contre les Colleges, & juſtifie l'épithete de *rifibles*. Mais M. R. ne s'accommoderoit pas de cette explication; & d'ailleurs les Colleges ne ſauroient répondre de tous les écarts de ceux qui y ont été inſtruits.

Page 15.
Il faudroit - - - connoître l'homme naturel.

Sans contredit; mais cette connoiſſance ne peut & ne doit ſervir qu'à former l'homme ſocial.

Page 17.
Vivre eſt le métier que je lui veux apprendre. En ſortant de mes mains, il ne ſera, j'en conviens, ni magiſtrat, ni ſoldat, ni prêtre. Il ſera premierement homme.

En l'arrêtant trop longtems dans ces avenues philoſophiques, ou plutôt chimériques, vous ferez qu'il ne ſera bon à rien, il ſe roidira, & ſera dans le cas d'un homme

B 5 fait

fait à qui l'on voudroit donner les premieres leçons de danse, d'escrime, &c. Il est sans doute ridicule de décider de la vocation des enfans avant que de savoir à quoi ils sont propres; mais il l'est encore plus de ne pas les mettre de bonne heure sur la voye des états qui peuvent leur convenir, sauf à leur laisser le choix quand ils seront en état de le faire.

Page 20. 21.

Toute notre sagesse consiste en préjugés serviles; tous nos usages ne sont qu'assujettissement, géne, & contrainte. L'homme civil nait, vit, & meurt dans l'esclavage; à sa naissance on le cout dans un maillot, à sa mort on le cloue dans une biere: tant qu'il garde la figure humaine, il est enchainé par vos institutions. On dit que plusieurs sages-femmes prétendent en pêtrissant la tête des enfans nouveau-nés lui donner une forme plus convenable, & on le souffre. Nos têtes seroient mal de la façon de l'Auteur de notre être: il nous les faut façonnées au dehors par les sages-femmes, & au dedans par les philosophes.

Voilà de ces endroits saillans qui font pâmer d'admiration les Lecteurs superficiels. Il n'y eut pourtant jamais de plus pitoyable déclamation; & l'on soupçonneroit, ou que la sage-femme qui a reçu M. R. venant au monde a pêtri sa tête bien bizarrement, ou que la Philosophie, au moins ce qui en porte aujourdhui le nom, y a causé d'etranges modifications. M. R. peut-il ignorer que la tête molle des enfans souffre pendant le travail, surtout dans les accouchemens laborieux, une compression, qui altére sa forme originaire, celle qui vient de l'Auteur de notre être, & que la sage femme ne fait que rétablir cette premiere forme? Le maillot & la biere ont de tout aussi bonnes raisons; & les institutions civiles en ont encore de meilleures. Les plus habiles & les plus sensés d'entre les Médecins qui ont approuvé & approuvent les moyens employés pour l'Orthopédie, sont plus croyables que notre Auteur à qui ces matieres sont tout à fait étrangeres. Tous les Soldats des grands Bataillons Prussions avoient sans doute été emmaillottés; & cela n'avoit point détruit *l'impulsion des parties internes d'un corps qui tend à l'accroissement.*

Page 24.

Plus malheureux qu'un criminel aux fers, ils (les enfans), *font de vains efforts; ils s'irritent, ils crient.*

Ceux

Ceux qui connoissent les enfans, savent que le maillot, quand des personnes intelligentes y président, ne les fait point crier; ils sont gais, tranquilles, & dorment à merveille, dès que rien ne les incommode d'ailleurs. Il faut n'avoir jamais vu d'enfant pour ignorer qu'il seroit, sinon impossible, du moint trés dangereux, de les manier à nud dans les commencemens: c'est là précisément ce qui feroit *les bossus, les boiteux, les cagneux, les noués, les rachitiques, les gens contrefaits de toute espece.* Mais les Sauvages - - - Ouï; rendez les peres & meres sauvages, & ils auront la force, la dextérité, que suppose l'éducation des enfans qui naissent parmi les Caraïbes & autres peuples semblables. Or y auroit-il à gagner à ce marché? Cela rejette dans la premiere question que M R. a traitée, dans le premier paradoxe qu'il a soutenu. Il suffit de le renvoyer là dessus au Pere *Castel*.

Page 25.

Ces douces meres, qui débarrassées de leurs enfans se livrent gaiment aux amusemens de la Ville savent-elles cependant quel traitement l'enfant dans son maillot reçoit au Village?

Voilà

Voilà des abus réels qui méritent la censure, mais qui n'intéressent point directement le maillot. Qu'une bonne mere ne néglige aucune précaution en faveur de son enfant emmaillotté; & tout ira au mieux.

Page 27.

Nous ne nous sommes pas encore avisés de mettre au maillot les petits des chiens ou des chats; voit-on qu'il résulte pour eux quelque inconvenient de cette négligence ?

Il n'est pas possible que M. R. ignore, ni même qu'il méconnoisse, l'inégalité du traitement que la nature fait aux hommes & aux animaux, & les causes de cette inégalité. Une mere chatte, ou chienne, est incapable d'emmaillotter; voilà pourquoi ses petits n'ont pas besoin de maillot. Elle n'est pas capable d'apprendre à marcher à ses petits : voilà pourquoi ils marchent tout seuls; & ainsi du reste. Où l'instinct manque, il faut de la raison.

Page 28.

Les Sciences, les Arts, la Philosophie, & les mœurs que l'Europe engendre, ne tarderont pas d'en faire un desert. Elle sera peuplée de bêtes féroces; elle n'aura pas beaucoup changé d'habitans.

Tous

Tous es Européens qui font contemporains de l'Auteur, peuvent lui dire grand-merci du compliment. Mais, s'ils font des bêtes féroces, n'eft-il pas un loup-garou?

Ibid.

Maris prudens, il faut immoler à la paix l'amour paternel; heureux qu'on trouve à la campagne des femmes plus continentes que les vôtres! Plus heureux fi le tems que celles ci gagnent n'eft pas deftiné pour d'autres que pour vous!

Autre trait d'une Satyre virulente, qui n'affortit pas au but d'un ouvrage didactique, où l'on prétend traiter les matieres les plus capitales.

Page 29.

L'Enfant mal foigné aura le tems de périr cent fois avant que fa nourrice ait pris pour lui une tendreffe de mere.

Il y a de mauvaifes meres; il y a de mauvaifes nourrices: & fous ce point de vue parité de danger pour l'enfant. Quand une nourrice eft d'ailleurs une honnête perfonne, elle prend promtement pour l'enfant une tendreffe qui n'en cede point à celle des meres. J'ai fous les yeux dans ce moment une perfonne de cet ordre, qui,

après

après avoir fidelement nourri une de mes filles, a pour elle, dans une petite vérole extrèmement forte, les foins les plus affectueux, & dont le désintéressement m'est tout à fait connu.

Page 32. 33.

L'attrait de la vie domestique est le meilleur contrepoison des mauvaises mœurs. Le tracas des enfans qu'on croit importun devient agréable: il rend le pere & la mere plus nécessaires, plus chers l'un à l'autre; il resserre entr'eux le lien conjugal. - - - Qu'une fois les femmes redeviennent meres; bientôt les hommes redeviendront peres & maris.

Ceci est excellent; & je me fais un plaisir de le remarquer. Le Critique embrasse l'art de louer & de reprendre. Si l'on ne fait pas l'un & l'autre avec une égale impartialité, si même on ne loue pas avec plus de satisfaction qu'on ne reprend, on cesse d'être un Aristarque pour devenir un Zoïle.

Page 40.

Quelquefois on le châtie (l'enfant) *avant qu'il puisse connoître ses fautes, ou plutôt en commettre.*

Ce que M. R. blâme ici, est peut-être le grand secret de l'éducation, la seule pratique

tique fondamentale qui décide du reste, soit pour le physique; soit pour le moral dans les enfans. Si vous attendez à les former, à les dresser, qu'on puisse leur parler raison, comptez que vous ne leur ferez jamais entendre raison. L'enfant est d'abord un automate, un petit animal; il faut vaincre, & s'il est possible, détruire en lui toutes les répugnances qui seroient dans la suite préjudiciables à la santé, à son éducation, aux mœurs qu'on veut lui donner. Cela ne peut se faire que par la rigueur, en le frappant même, mais avec cette prudence que des personnes éclairées peuvent seules posséder. Rien de plus agréable que de voir les progrés de la docilité dans un enfant au berceau; & quand on veut l'élever dans la suite, le plus fort de la tâche est fait, la route est applanie. Qu'on ne craigne point d'abâtardir l'enfant, & d'émousser ses facultés; c'est tout le contraire, on les dégage, on en facilite l'exercice. L'enfant indocile est par là même indisciplinable. Qu'on dise tout ce qu'on voudra contre cette assertion; elle est également fondée sur la raison & sur l'expérience; & tous les *Emiles* du monde ne viendront pas à bout de l'infirmer. Il n'y va pas moins que de la vie pour les enfans dans certains

cas

cas de cette nature. Un Médecin du premier ordre me racontoit dernierement la mort d'un enfant de quatre ans, uniquement causée par la foiblesse que ses parens avoient pour lui, en ne le contraignant jamais à rien. N'ayant pu, ni voulu, prendre aucun des remedes qui lui ont été ordonnés, cet enfant a été la victime de sa mutinerie; mais ses parens ont eu les plus amers reproches à se faire, d'avoir laissé subsister cette mutinerie. Il en est de même des remedes de l'ame, lorsque le tems vient de les administrer. Peres & meres, faites vous d'abord obéir; & vous vous ferez ensuite infailliblement aimer, en supposant que vous suiviez d'ailleurs toutes les régles d'une bonne éducation.

Pag. 41.

Quand cet enfant esclave & tyran, plein de science & dépourvu de sens, également débile de corps & d'ame, est jetté dans le monde; en y montrant son ineptie, son orgueil, & tous ses vices, il fait déplorer la misere & la perversité humaines.

M. R. oseroit-il soutenir que c'est là le fruit de toutes les éducations différentes de celles d'Emile? Oseroit-il enveloper dans cette proscription un Duc de Bourgogne, tel qu'il étoit en sortant d'entre les mains de

C   l'Auteur

l'Auteur du Télémaque, un Daguesseau, tels que ses divers Eloges nous le représentent, & qu'il a été en effet, & tant d'autres personnages, également illustres par leur savoir & leur sagesse, vis à vis desquels tout Emile ne sera jamais qu'un original, dont il n'est pas à souhaiter que les copies se multiplient.

Page 42.
Ah! les devoirs! sans doute le dernier est celui de père?

Ce devoir est sans doute le premier; mais il ne s'ensuit pas que l'obligation étroite d'élever immédiatement ses enfans, d'être à la lettre leur gouverneur & leur précepteur en découle immédiatement. Sans parler de la capacité qui manque à la plûpart des peres, les charges & les occupations ordinaires de la vie sont presque toujours incompatibles avec les détails de l'éducation. Le Négociant, l'Artisan, le Soldat, ne sauroient quitter leur comptoir, leur metier, leur tente, pour y vaquer. Quand les précepteurs dans le goût de celui d'Emile seroient aussi excellens que le suppose l'Auteur, où en trouver autant qu'il y a d'enfans à élever?

Page 45.
Tu ne le peux - - Fais-toi donc un Ami.

Ici

Ici la chimere du projet sur lequel roule cet Ouvrage, devient manifeste. Trouver un homme d'une capacité consommée, qui consente par un pur motif d'amitié à n'être rien dans le monde, pour se livrer uniquement à élever un enfant qu'il reçoit entre ses bras au moment de sa naissance, & dont il ne cesse de diriger toutes les actions jusqu'à ce qu'il soit un homme fait; trouver, dis-je, un semblable personnage pour un seul enfant, ce seroit déjà une supposition voisine de l'impossibilité. Mais que sera-ce si l'on regarde Emile & son Instituteur comme des modeles d'après lesquels toutes les éducations doivent désormais être copiées! Quand donc à la page suivante l'Auteur ajoute, *supposons ce prodige trouvé*, il fait un acte de création plutôt que d'invention; & l'on ne peut plus continuer la lecture de son ouvrage que par un principe de curiosité & d'amusement, comme on lit l'Utopie & les autres Républiques imaginaires. Surtout le genre humain doit perdre l'espérance de voir exécuter le plan de l'éducation d'un *Emile* réel, dès-là que M. R. déclare solemnellement, comme il le fait, qu'il n'acceptera jamais l'emploi de Précepteur, de quelque part qu'il lui soit offert. C'auroit partant été l'unique moyen de le convaincre qu'on ne trace pas aussi aisément des caracteres dans une ame que sur le papier.

Page 51.

Le Gouverneur d'un enfant doit être jeune, & même aussi jeune que peut l'être un homme sage.

Cette idée est spécieuse ; & la grande disproportion d'âge entre celui qui éleve, & celui qui est élevé, met sans doute souvent un obstacle à la confiance. Mais, dès qu'il faut balancer les risques, un Gouverneur trop jeune, quelque sage qu'il paroisse, peut aisément tomber dans des pieges, ou succomber à des tentations, qu'un homme qui a plus d'expérience & de maturité saura éviter. Il n'y a donc qu'à chercher un Gouverneur qui ait de la douceur, & une complaisance raisonnable : il se fera aimer & respecter en même tems ; ce à quoi ne parviendroit jamais un jouvenceau.

Ibid.

On voudroit que le Gouverneur eut déjà fait une éducation : c'est trop.

Cet endroit est purement sophistique. *S'il faloit*, dit M. R. *deux éducations pour réussir, de quel droit entreprendroit-on la premiere ?* Et de quel droit l'entreprend-on, si l'on est incertain de succès,

comme

comme l'est tout homme qui essaye, qui fait son noviciat? Il est vrai qu'on rempliroit difficilement deux carrieres d'éducation, dont chacune dureroit vint-cinq ans. Ainsi, quand cette mode sera établie, l'assertion de M. R. deviendra recevable. Les années que M. de Fenelon a passées dans son Archevêché de Cambrai, n'auroient-elles pas pu être employées à former encore un héritier du Thrône; & cette seconde éducation n'auroit-elle pas été égale, ou même supérieure, à la premiere?

Page 52.

Vous distinguez le Précepteur du Gouverneur: autre folie!

Rien ne seroit plus à souhaiter assurément que de trouver dans un même homme tous les talens associés à toutes les qualités de l'esprit & du cœur, qui mettent en état de former un éleve. Mais cela n'arrive presque jamais. Les Précepteurs savans n'ont pas beaucoup tourné leurs vues du côté de la Morale & de l'usage du Monde. Les Gouverneurs qui ont charge d'introduire un jeune homme dans la Société, & de le mettre à l'abri des risques qu'on y court, sont rarement érudits. Il faut donc deux hommes au lieu d'un, tout comme il faut divers Maîtres pour les exercices du corps, n'y en ayant aucun que les enseigne tous. Dire qu'il *n'y a qu'une science à enseigner aux enfans, celle des devoirs de l'homme;* c'est débiter une généralité, qui, quand on l'approfondit, se trouve chimérique, ou se réduit aux bonnes éducations, telles qu'elles sont actuellement établies. M. R. auroit rendu un vrai service en se bornant à indiquer les défauts qui restent dans ces éducations, quoi qu'après tout ils soyent assez connus, & qu'on puisse les regarder par la plûpart comme des imperfections inhérentes à toutes les entreprises humaines. Mais proscrire tout d'un coup tout ce qui a été fait jusqu'ici pour y substituer des choses également inouies & impraticables, ce n'est pas vérifier le mot de Seneque, qui sert d'épigraphe à ce Traité: *Sanabilibus ægrotamus malis; ipsaque nos in rectum genitos natura, si emendari velimus, juvat.*

Page 56.
Je voudrois que l'eleve & le Gouverneur se regardassent tellement comme inséparables, que le sort de leurs jours fut toujours entr'eux un objet commun.

En suivant les idées de M. R. il en coûteroit toujours un homme fait, & un excellent homme à la Société, pour élever

un

un enfant. Il ne feroit que cela pendant toute sa vie, ou pendant les vint-cinq plus belles années de cette vie; ce qui revient au même. Ce genre de dévouement est l'idée la plus romanesque qui fut jamais. Quelle apparence, quelle possibilité, qu'un homme uniquement occupé de cette tâche, renonce, pour ainsi dire, à soi-même, à son établissement, & soit content pourvu qu'il puisse dire avant que de mourir: J'ai fait un Emile!

Page 59.

Je ne me chargerois pas d'un enfant maladif & cacochime, dut-il vivre quatre vints ans.

Dans le choix il est assurément plus agréable de gouverner un enfant bien constitué; mais faut-il pour cela négliger le soin de tous ceux dont on ne peut pas faire des sauteurs, des lutteurs, des coureurs? Ce sont presque toujours les enfans un peu délicats & valétudinaires, en qui l'esprit se dévelope le plus heureusement; & je crois avoir observé qu'il y a pour l'ordinaire une compensation à cet égard, suivant laquelle un enfant vigoureux est plus borné du côté de l'esprit, & réciproquement. Après cela les tempéramens des enfans souffrent de grandes variations; ils

C 4   s'affoi

s'affoiblissent ou se fortifient, soit par des causes secretes, soit à la suite des maladies auxquelles ils sont exposés. Quand on aura conduit un enfant jusqu'à 8 ou 10 ans, l'abandonnera-t-on s'il devient infirme? Toutes les suppositions de l'Auteur sont pleines d'inconséquences que l'enthousiasme lui a dérobées.

Page 60.
Un corps débile affoiblit l'ame.

Je maintiens positivement le contraire. C'est dans des corps originairement débiles qu'ont habité les ames les plus fortes & les plus philosophiques. Il a aussi été très souvent salutaire à des personnes nées vigoureuses d'avoir des maladies, qui les ont tourné du côté de la réflexion, & de demeurer même dans un état d'infirmité qui a confirmé en elles l'habitude de penser, de méditer, d'approfondir. M. R. qui se représente depuis si longtems comme valétudinaire, comme mourant, devroit, suivant ses principes, avoir une ame bien foible. Voudroit-il qu'Heloïse & Emile passassent pour les enfans d'un pere cacochime, ou épuisé?

Ibid.
La Médecine, art plus pernicieux aux hommes que tous les maux qu'il prétend guérir.

Toutes

Toute la tirade qu'on trouve ici contre la Médécine est une sortie très peu judicieuse contre une profession respectable, utile, & dans laquelle existent actuellement quantité d'hommes éclairés, qui connoissent mieux l'esprit & le corps humain que M. R. Celui-ci peut-il bien dire *qu'il ne sait de quelle maladie nous guérissent les Medecins*? Ose-t-il avancer qu'ils tuent cent malades pour un qu'ils guérissent? C'est fouler aux pieds la prévention publique avec une prévention infiniment plus forte, & moins fondée. Je n'ai assurément pas une foi aveugle à la Médecine, & je me suis expliqué là dessus ailleurs; mais j'honore sincérement les bons Médecins, qui n'ont jamais dit que *la Médecine en elle-même soit infaillible*, qui prétendent encore moins l'être eux-mêmes, mais qui, faisant en conscience ce qu'ils croyent & savent convenir le mieux aux malades, en guérissent cent, pour un qu'ils tuent à la lettre, c'est à dire, qui sans eux auroit échapé à son mal, & a été la victime des remèdes. Il y a donc de l'indécence à appeller la Médecine *un art mensonger*. Si les Sauvages n'en ont pas besoin, quoiqu'ils employent tous quelques sortes de remedes, nous ne sommes pas des Sauvages,

& malgré toutes les exhortations de M. R. nous ne croyons pas qu'il y eût à gagner au change de le devenir. Mais les Médecins d'un côté ne feront des jugemens de l'Auteur que le cas qu'ils méritent, & de l'autre se trouveront en bonne compagnie, lorsqu'ils liront le passage suivant, qui est d'ailleurs d'une impudence révoltante. *Ce sont les Médecins avec leurs ordonnances, les Philosophes avec leurs préceptes, les Prêtres avec leurs exhortations, qui l'avilissent de cœur,* (l'homme) *& lui font désaprendre à mourir.* Cela est digne d'un homme qui est assez judicieux pour vouloir que le Médecin ne soit jamais appellé qu'à l'extrémité.

Principiis obsta: sero medicina paratur. Cela est également vrai de la Médecine du corps & de celle de l'ame.

Page 70.

Il faudroit une nourrice nouvellement accouchée à un enfant nouvellement né.

Les sacrifices se multiplient, & ne coûtent rien à nôtre Auteur. Nous avons vu celui du Gouverneur qui s'immole à l'éducation d'un éleve; à présent, pour allaiter cet éleve naissant, il faudra ôter un autre enfant du sein de sa mère, sous prétexte que le lait en sera meilleur. Mais un enfant n'en n'en vaut-il pas un autre, surtout dans le système d'égalité si cher à M. R. ? Les Emiles à ce compte couteroient furieusement à la Société : je les comparerois à cette plante qu'on suppose brouter tout ce qui se trouve autour d'elle.

Page 72.

Un nourrisson ne doit point avoir d'autre gouvernante que sa nourrice, comme il ne doit point avoir d'autre précepteur que son gouverneur.

Oui, l'un est aussi faisable que l'autre ; mais ce n'est que dans le païs des Emiles. Une nourrice villageoise, ou femme de condition abjecte, si elle d'un bon tempérament, & d'un bon caractere, s'acquittera fort bien de la fonction de nourrir un enfant, & méritera par ce seul endroit une reconnoissance qui dure autant que sa vie. Mais elle n'est pas plus propre à devenir de nourrice gouvernante, qu'un précepteur le seroit pour l'ordinaire à devenir gouverneur. Cette métamorphose les dérouteroit entierement : ils auroient l'air aussi gauche dans leurs nouvelles fonctions, & s'en s'acquitteroient aussi mal, qu'ils se déméloient habilement des premieres.

Page

Page 76.
Je pense qu'au lieu de changer la nourriture ordinaire des nourrices, il suffit de la leur donner plus abondante & mieux choisie dans son espece.

Tout ce qui est dit ici du régime des Nourrices paroit en général bon; mais ce sont des choses assez communes, & sur lesquelles, n'en déplaise à M. R. les Médecins doivent prononcer en dernier ressort. Je me contente de relever la contradiction entre les paroles qu'on vient de lire, & les suivantes, tirées de la p. 78. *Je ne serois pas d'avis qu'on tirât une païsanne de son village*, &c. Si l'on envoye l'enfant chez sa nourrice, il ne faut plus se mettre en peine du régime; elle vivra à sa façon : car je pense qu'on ne lui enverra pas tous les jours ses deux repas hors de la ville. Mais l'essentiel, c'est que voilà l'enfant hors de dessous les yeux de sa mere, & livré à la discrétion d'une nourrice, sur la vigilance & l'affection de laquelle on ne peut avoir que de simples présomptions, qui ne balancent pas la probabilité contraire, prise de la nonchalance commune à presque toutes les personnes chargées de soins trop pénibles. Mais ne craignons rien : M. R. y a pourvu. Le gouverneur, qui *n'est pas un* un homme à gage, c'est l'ami du pere, suivra l'enfant sous ce toit rustique, & y demeurera autant que lui. On a peine à en croire ses yeux, quand on lit de pareilles visions. L'Auteur l'a senti dans cet endroit; il lâche à peu près l'aveu, que tout cela n'est pas faisable : pourquoi donc le proposer ?

Page 79.

L'haleine de l'homme est mortelle à ses semblables ; cela n'est pas moins vrai au propre qu'au figuré.

Ces sarcasmes plus amers que tous ceux de Juvenal, ne prouvent jamais rien. Qu'on habite les campagnes, ou les Villes, il y a de part & d'autre à perdre & à gagner. Le systême de la compensation bien dévelopé, & bien appliqué, vaut mieux que toutes les spéculations alembiquées de M. R. Un homme sage est à sa place partout ; il fait extraire du miel de tout ; au lieu que le misantrope convertit tout en bile.

Page 86.

Supposons qu'un enfant eût à sa naissance la nature & la force d'un homme fait - - - cet homme enfant seroit un parfait imbécille, un automate, une statue immobile & presque insensible.

L'Auteur auroit pu se dispenser de tout détail à cet égard. On sçait assez que
l'homme

l'homme apprend à se servir de ses sens; & que lorsqu'il acquiert à l'improviste un sens dont il n'avoit pas joui auparavant, il commence par de longs tâtonnemens & de fréquentes méprises.

Page 89.

Je ne sache pas qu'aucun Philosophe ait encore été assez hardi pour dire: Voilà le terme où l'homme peut parvenir, & qu'il ne sauroit passer.

Cette réflexion est juste; mais elle n'empêche pas que les bornes de nos connoissances ne soyent déterminées à certains égards. Jamais, par exemple, nous ne pousserons l'analyse des composés jusqu'à l'intuition des simples. Jamais nous ne pourrons prévoir les futurs contingens. Jamais nous ne pourrons vérifier, non seulement si l'ame pense toujours, mais même si elle a une suite non interrompue de perceptions. Peut-être même que nous ne pourrons jamais résoudre le problème de la liberté.

Page 90.

Il faut qu'ils (les animaux) *apprennent à manger, à marcher, à voler.*

Je crois que cela n'est pas exact. Ils n'apprennent pas ces choses; mais quelques espèces n'ont pas d'abord les forces nécessaires pour les exécuter. Le petit poulet court

court presque an sortant de la coque; au lieu que le petit chien se traîne longtems, uniquement parce que les pattes du premier sont plutôt affermies que les jambes de l'autre.

Page 92.

La seule habitude qu'on doit laisser prendre à l'enfant, est de n'en contracter aucune.

Ce seroit une belle figure que celle d'un enfant qu'on laisseroit allonger le col, tenir les pieds en dedans, se servir également des deux mains, & prendre indifféremment toutes sortes d'attitudes. De là la mauvaise grace indélébile des païsans.

Page 96.

Avec une gradation lente & ménagée on rend l'homme & l'enfant intrépide à tout.

Cela est très vrai; & les conseils qui amenent cette conclusion sont fort bons à suivre. Ceux qui suivent ne sont pas aussi essentiels. Il ne faut pas de grandes attentions pour que les enfans apprennent à juger des distances par rapport aux objets qui les avoisinent. L'apparat philosophique est ici superflu.

Page

Page 99.

On a longtems cherché s'il y avoit une Langue naturelle & commune à tous les hommes.

Puisque M. R. met cette question sur le tapis, j'en prendrai occasion de placer à la fin de ce volume le dernier Mémoire que j'ai lû à l'Académie, & où je propose le moyen le plus convenable, ou même unique, selon moi, pour faire cesser l'incertitude à cet égard. C'est au reste très improprement que l'Auteur donne ici le nom de Langue aux divers sons inarticulés que les enfans poussent.

Page 100.

Leurs yeux ternes ne disent presque rien.

J'ai beaucoup observé d'enfans, & je crois que leurs yeux disent plus que leur visage. J'en ai vu au sein avoir déjà le regard très vif, très énergique; & d'autres, avant l'âge de deux ans, l'avoir véritablement fin & spirituel.

Page 103.

Cette disposition des enfans à l'emportement, au dépit, à la colere, demande des ménagemens excessifs.

Elle est beaucoup plus facile à vaincre que l'Auteur ne le croit, & on ne court pas de grands risques en la combattant,

non

non brutalement, mais fortement, en ne cédant jamais aux enfans mutins, même dès le berceau. Tous les risques font dans une condescendance mal entendue. Si l'on craint les convulsions machinales des enfans d'un ou deux ans, on sera témoin des convulsions de leurs caprices & de leurs passions au bout de quelques années. C'est une plaisante idée que celle de cet enfant qui, ayant été frappé mal à propos, devient violet par un sentiment du juste & de l'injuste.

Page 106.

Toute méchanceté vient de foiblesse; l'enfant n'est méchant que parce qu'il est foible; rendez le fort, il sera bon: celui qui pourroit tout, ne feroit jamais de mal.

Ces diverses assertions sont captieuses & insuffisamment déterminées. La méchanceté est l'effet d'une passion aveugle, dont les enfans sont susceptibles. Elle augmenteroit avec leur force; elle deviendroit tyrannie, fureur, si vous ne les éclairiez pas. Ce sont les lumieres qui rendent bon. Le Duc de Bourgogne ne l'étoit pas naturellement: les instructions de Fenelon le rendirent excellent.

Page 107.

Un enfant veut déranger tout ce qu'il voit; il casse, il brise tout ce qu'il peut atteindre.

La gayeté des enfans, lorsqu'ils ne souffrent point, est le principe de leur activité, du petit fracas qu'ils aiment à faire. Ce qui tombe, ce qui se brise, fait un bruit qui les réjouit; ils n'y entendent pas d'autre finesse, & encore moins malice, au moins dans les commencemens. Il est fort aisé de les instruire de ce qui est de leur domaine, de ce qu'ils peuvent mettre en pieces pour leur amusement; & des admonitions, suivies de châtimens dispensés à propos, les rendent plus circonspects quant au reste. Laissez à l'enfant une liberté illimitée dans ce que vous lui avez permis; il s'en amusera innocemment, & n'aura point de fantaisies incommodes. Mais les enfans qu'on gêne hors de propos, deviennent inquiets, ils se dépitent, & cela les rend à la les rend à la longue mauvais.

Page 112.

L'esprit de ces régles est d'accorder aux enfans plus de liberté véritable & moins d'empire, de leur laisser plus faire par eux-mêmes, & moins exiger d'autrui.

Les

Les régles, ou maximes que l'Auteur vient de prescrire, sont judicieuses; mais comprendre dans cette liberté l'usage des bras pendant les premieres semaines qu'un enfant passe au maillot, c'est assurément prendre un souci inutile. Ce n'est pas alors qu'il aura des fantaisies, & un desir de domination. L'Auteur suppose constamment que le maillot par lui-même fait pleurer les enfans; & il se trompe. En leur dégageant les bras, comme on ne tarde pas à le faire, ils sont réellement plus à leur aise, & moins exposés à souffrir, que si tous ceux qui les prennent manioient à nud leurs membres délicats.

Page 113.

Vos caresses ne guériront pas sa colique.
Non; mais elles feront quelque diversion à la douleur. S'il y a des caresses superflues, ou même indiscretes, il y en a de nécessaires, soit pour calmer un enfant, soit parce qu'une bonne mere, une nourrice affectionnée, qui voyent un enfant aux prises avec la douleur, ne peuvent s'empêcher de lui donner des marques de leur sensibilité & de leur tendresse. Substituer de la Philosophie à tout cela, c'est ne pas connoitre la nature.

Page 115.
Cet art (d'amuser les enfans) *bien ménagé est très utile.*

Ceci est important, & mérite encore plus d'attention que M. R. n'y en fait. Je suis convaincu par une expérience réitérée que les enfans sont non seulement très amusables, en quoi ils diffèrent essentiellement des vieillards, mais qu'on leur fait un tort irréparable en ne les amusant pas. C'est le seul moyen de conserver leur gayeté naturelle, & de les rendre doux. Or les domestiques qui sont autour d'eux, ne pensent à rien moins que cela; une fille, ou femme, tient un enfant sur ses bras, & croit que cela suffit; elle parle avec d'autres, ou s'occupe à quelque chose; l'enfant s'ennuye, s'impatiente, se fâche; on le gronde, on le bat; ces scènes renouvellées tous les jours altèrent le corps & l'esprit de cet enfant. Au lieu qu'en s'asseyant devant une table, en y posant les moindres jouets, & en prenant soin que l'enfant les ait à sa portée, en jouant avec lui, il passeroit des heures entières de la sorte; & ses journées seroient également saines & agréables. Au lieu de cela, ce ne sont que cris aigus & perçans qu'on attribue mal à propos à la méchanceté des enfans, ou à quelque état
de

de souffrance. Plus un enfant est vif, plus il est dans le cas que j'indique.

Page 123.

Ils suivent certaines analogies, très vicieuses, si l'on veut, mais très régulieres.

Cela ne manque jamais; & quand on a beaucoup d'enfans sous les yeux, ces observations reviennent perpetuellement. Un enfant dira *à le chat*, pour *au chat*; *je mourirai* pour *je mourrai*. L'n finale les trompe aussi; ils croyent que c'est la premiere lettre du mot suivant. En voyant une de ces figures d'Ange qui sont dans les Eglises, un enfant disoit: *Voilà un petit Nange*. Tout cela se rectifie dans la suite de soi-même, comme l'Auteur le remarque.

Page 130.

Les enfans qu'on presse trop de parler, n'ont le tems, ni d'apprendre à bien prononcer, ni de bien concevoir ce qu'on leur fait dire.

M. R. insiste ici au long sur bien des inconvéniens, ou abus, qui ne me paroissent pas exister, ou qui du moins sont fort rares. Les enfans que j'ai élevés, ou vu élever, ont parlé quand ils ont pu & voulu, à proportion de leur aptitude, sans qu'on les ait mis sur la voye d'une maniere forcée, ou même gênée. Ces enfans ont eu dans la voix le degré de force & de distinction convenable: & j'aurois été faché que ceux pour qui je m'intéressois, eussent appris à parler comme les petits païsans, & avec eux. Les choses sont peut-être sur un autre pied dans les lieux où l'Auteur a fait ses observations; témoin *le langage des ruelles*, qui rend ceux qui s'y accoutument peu propres *à se faire entendre à la tête d'un bataillon.* Ce n'est pas dans nos contrées qu'il faut chercher ces exemples.

Page 138. dans la Note.

Il n'y a rien de plus ridicule & de plus mal assuré que la démarche des gens qu'on a trop menés par la lisiere étant petits.

Si cela est quelquefois vrai, cela ne l'est pas toujours. Je connois des gens de très bon air, des Officiers même à contenance martiale, pour qui l'on a eu ces attentions outrées, & qui ont été excessivement dorlotés dans leur enfance. Je n'ai garde cependant de contester les assertions de M. R. à ce sujet. Je le prierois seulement de conserver les bourlets: parmi les chûtes perpétuelles que fait un enfant, & surtout un enfant qu'on ne ménage pas, il y en auroit immanquablement de funestes sans ces précautions. Les petits païsans y sont moins
ex-

exposés, parce qu'ils courent sur la terre, le sable, le gazon.

Page 140.

L'âge de la gaité se passe au milieu des pleurs, des châtimens, des menaces, de l'esclavage.

M. R. a raison: quantité d'educations sont tyranniques & abasourdissantes. Mais le chef-d'oeuvre de l'éducation, fort préférable au plan de l'Auteur, c'est d'assujettir l'enfant à tous les devoirs qui lui conviennent, & de ne porter aucune atteinte à sa gayeté. Cela est faisable: cela se fait même partout où l'on sçait ce qui c'est que d'élever des enfans, jusques dans les pensions dont les Maîtres, ou Maîtresses, ont de l'intelligence.

Page 143.

Malheureuse prévoyance, qui rend un être actuellement misérable sur l'espoir bien ou mal fondé de le rendre heureux un jour!

Ne semble-t-il pas que l'on n'ait pas continuellement sous les yeux des preuves démonstratives du bon succès des éducations faites suivant les meilleurs usages reçus, & par conséquent, dans un goût tout différent de celui de l'éducation d'Emile? N'entend-on pas tous les jours des hommes faits re-

remercier leurs peres, ou leurs maîtres, de la sévérité dont ils ont usé à leur égard, & convenir que quelques chagrins, quelques châtimens, quelques pleurs, à l'entrée de leur vie, leur en ont épargné de bien plus considérables & plus amers pendant le reste de leur carriere?

Page 145.
Toujours plus de souffrances que de jouissances: voilà la différence commune à tous.

C'est ce que je nie. Il y a plus de biens que de maux dans la vie, répartition faite sur le total des tems, des lieux, & des individus. Mais on peut se croire malheureux, lorsqu'on ne l'est pas; & l'on peut se rendre tel, lorsqu'on a les moyens de l'éviter. Ces deux ordres de plaignans, quelque nombreux qu'ils soyent, ne sauroient entrer en ligne de compte, à la charge de la Nature & de son Auteur.

Page 149.
Tous les animaux ont exactement les facultés nécessaires pour se conserver. L'homme seul en a de superflues. N'est-il pas bien étrange que ce superflu soit l'instrument de sa misere?

L'homme n'a point de facultés superflues, en elles-mêmes, ni dans le degré auquel
il

il peut les pouffer. Toutes font propres à le rendre plus parfait & plus heureux, s'il les rapporte à leur véritable deftination. C'eft cette deftination qu'il faut lui montrer de bonne heure, comme le feul objet auquel doivent fe rapporter tous fes efforts. Ne vouloir que vivre, ce n'eft pas vivre, c'eft végéter? Etre bon dans cet état, c'eft être ftupide. Les progrès du bonheur s'identifiant néceffairement avec ceux de la perfection, on ne peut fuivre d'autre route que celle du dévelopement de nos facultés, qui ne font par conféquent, ni *fuperflues*, ni *l'inftrument de notre mifere*.

Page 154.

Que de Princes fe défolent pour la perte d'un païs qu'ils n'ont jamais vu? Que de Marchands il fuffit de toucher aux Indes, pour les faire crier à Paris?

Cela eft faillant, & jusqu'à un certain point il y a du vrai. Mais ce Prince qu'on dépouille d'Etats éloignés, a pourtant raifon de voir avec peine diminuer fa puiffance, la confidération qui y étoit attachée, l'influence qu'elle lui donnoit fur les affaires publiques, la gloire même de fon Règne. Ce Marchand fera bientôt banqueroute à Paris, fi on l'a touché trop fortement aux Indes; & cela rendra le refte de sa vie accablant. Dira-t-on; pourquoi être Marchand? Alors pourquoi des Sociétés? Pourquoi des conditions inégales, & les besoins attachés à ces conditions? Soyez Princes; soyez Marchands; sentez vos disgraces & vos pertes, comme vous sentez vos succès & vos prospérités, en hommes raisonnables: & vous tirerez de ces situations un beaucoup meilleur parti que d'une vie isolée, d'un état sauvage.

Page 155.

Est ce la nature qui porte ainsi les hommes si loin d'eux-mêmes?

Oüi sans doute; c'est elle qui leur donne une activité infatigable, un desir insatiable de joüir, & de changer continuellement de joüissances. Qu'est-ce qui a dicté à M. R. cette multitude d'Ouvrages singuliers qu'il a fait succéder si rapidement les uns aux autres? N'est-ce pas ce principe naturel, toujours agissant, toujours inquiet? A chaque Livre qu'il publie n'est-il pas avide à sa façon de joüir de l'effet qui en résultera, du bruit, du fracas qui marche à la suite? S'il étoit bien convaincu que personne ne fait la moindre attention à ses productions, il y a longtems qu'elles auroient cessé. Il se transporte dans tous les lieux où il a des lecteurs, il se réjouit d'en avoir, il est ravi d'être

d'être critiqué, condamné, proscrit. Il y a plus d'*Eroſtrate* dans ton fait qu'il ne le ſoupçonne lui même.
Ibid.

Inſenſé! quel mal t'a donc fait ce papier - - -

Pure déclamation! Quand on le voudroit, on ne pourroit s'empêcher de tenir aux objets extérieurs & éloignés; mais en ſuppoſant qu'on vint à bout d'affoiblir & de rompre ces liens, ce ſeroit autant de rabattu ſur les plaiſirs qui dans d'autres occaſions en réſultent. Le naufrage d'un vaiſſeau afflige aujourdhui un Négociant qui s'eſt réjoüi de l'heureuſe arrivée de cinquante autres. J'ai un fils à la Guerre: ſes lettres m'intéreſſent, & m'ont fréquemment ravi; en voici une fâcheuſe; il eſt pris, il eſt bleſſé; voudrois-je n'avoir jamais eu ce fils, jamais reçu de lettres de lui? Telle eſt la vie; c'eſt à la ſageſſe à en tirer le meilleur parti, & certainement elle le peut.

Page 156.

O homme! reſſerre ton exiſtence au dedans de toi, & tu ne ſeras plus miſérable.

O homme! reſſerre ton exiſtence au dedans de toi, & tu ne ſeras plus heureux. Cette ſeconde propoſition eſt plus vraye que la première. M. R. confond perpétuellement l'abus des choses avec leur usage.

Page 158.

Pauvres petits hommes! de quoi vous sert tout cela? Vous n'en serez ni mieux servis, ni moins volés, ni moins trompés, ni plus absolus. Vous direz toujours, Nous voulons; & vous ferez toujours ce que voudront les autres.

Ces *petits hommes* mériteroient un peu plus d'égards, non seulement parce qu'ils ont les mains longues, mais parce qu'il importe que les impressions du respect qui leur est dû ne souffrent point d'atteinte dans la Société. C'est aux Rois à se souvenir qu'ils sont homme & aux sujets à les envisager comme Rois. Si l'on veut leur donner des conseils, ou même des préceptes, il faut du moins un autre ton, un autre assaisonnement.

Page 162.

Nous étions faits pour être hommes; les loix & la société nous ont replongés dans l'enfance: les Riches, les Grands, les Rois, sont tous des enfans qui, voyant qu'on s'empresse à soulager leur misere, tirent de cela même une vanité puérile, & sont tout fiers des soins qu'on ne leur rendroit pas, s'ils étoient des hommes faits.

Ce

Ce passage mérite la même censure que le précédent quant au défaut d'égards. Mais on peut dire avec cela qu'il ne s'y trouve, ni justice, ni justesse. Sans les loix & la société, les hommes ne seroient que ces *enfans rebustes* dont parle Hobbes, semblables aux sauvages qui, malgré la prédilection de M. R. pour eux, sont une fort vilaine engeance. Les Rois les Grands, les Riches, s'ils ont des principes & des vertus, bien loin d'être foibles, ont un excédent de forces, qu'ils font tourner au profit de la société : c'est ce qui fait le prix des dignités & des trésors.

Page 163.

La dépendance des hommes étant desordonnée, les engendre tous, (les vices) *& c'est par elle que le Maitre & l'Esclave se dépravent mutuellement.*

Ceci regarde le Système social, sur lequel M. R. a écrit un Ouvrage à part. Comme il en a placé le précis vers la fin du Tome IV. d'Emile, nous y ferons quelques remarques, lorsque nous en viendrons-là.

Page 165.

Il faut qu'ils (les enfans) *sautent, qu'ils courent, qu'ils crient, quand ils en ont envie.*

Cette

Cette permission ne sauroit être illimitée par deux raisons. La premiere, c'est que les enfans s'excéderoient le plus souvent; & bien loin que cela contribuât à les fortifier, leurs organes encore foibles souffriroient des lésions dont le dommage seroit permanent. La seconde raison encore plus forte, c'est qu'en contractant ainsi l'habitude de faire les goujats, les enfans ne voudront plus être autre chose; & ce penchant ira tous les jours en augmentant. Si tous les enfans d'une grande Ville avoient le privilege qu'on leur accorde ici, ils feroient assurément un beau tapage.

Page 167.

J'aime beaucoup mieux qu'il dise en priant faites cela, *qu'en commendant, je vous prie.*

Pures singularités qui n'aboutissent pas à grand' chose! Tout ceci ressemble assez aux maximes des Quakers, qui croyent user de plus de franchise, & jouir d'une plus grande liberté, en tutéyant qu'en vouséyant. Les enfans bien élevés, fussent-ils Princes, peuvent être instruits & dressés de façon qu'en disant, *je vous prie*, ils ont non seulement la politesse qui entre dans le plan d'une bonne éducation, mais ils prient effectivement, & n'obtiendroient

rien

rien si l'on entrevoyoit de l'autorité ou de l'arrogance dans le tour de leur demande.

Page 169.

S'il avoit le choix d'être mon éleve, ou le vôtre, pensez-vous qu'il balançât un instant?

Cela ne prouve rien. Un enfant à qui on a d'abord laissé la bride sur le col, aime sans doute mieux se mêler à *de petits polissons qui jouent sur la neige, violets, transis, & pouvant à peine remuer les doits*, que de passer une suite d'heures avec son précepteur, ou dans une Classe. Mais donnez-le même choix à faire à un enfant qui aura été bien dirigé pendant un ou deux ans; il ne voudra pas être un coureur de rues, non seulement pas point d'honneur, mais par goût, & par le plaisir que lui causent des occupations sagement réglées.

Page 172.

De deux enfans gâtés l'un bat la table, & l'autre fait fouetter la mer; ils auront bien à fouetter & à battre avant de vivre contens.

Cela sera aussi vrai qu'agréablement dit, quand on aura déterminé bien exactement la notion de l'enfant gâté. Il est bien décidé qu'on gâte les enfans par des complaisances excessives, & que cela influe sur leur

ca-

caractere pendant toute leur vie. Mais un Emile qui jusqu'à douze ans ne fait qu'exercer les forces de son corps, ne seroit-il point un peu gâté?

Page 174.

Si jamais on vit un spectacle indécent, odieux, risible, c'est un corps de Magistrats, le Chef à la tête, en habit de cérémonie, prosternés devant un enfant au maillot, qu'ils haranguent en termes pompeux, & qui crie & bave pour toute réponse.

Tout dépend du point de vue sous lequel on envisage les choses, & du but auquel elles se rapportent. Il n'y a rien qu'on ne puisse, sinon rendre ridicule, au moins tourner en ridicule. Les plus belles Pieces de Theatre donnent ordinairement lieu aux Parodies les plus réjouissantes. Une Nation aime ses Maîtres. Il naît dans la Famille Royale un Prince, l'héritier & l'appui du Thrône. Les représentans de cette Nation vont exprimer leur sentimens en présence de ce nouveau-né; il font des voeux ardens & sincères pour sa conservation. Il n'y a rien là qui ne soit décent & touchant.

Page 178.
Raisonner avec les enfans étoit la grande maxime de Locke; c'est la plus en vogue aujourd'hui; son succès ne me paroit pourtant pas fort propre à la mettre en crédit; & pour moi je ne vois rien de plus sot que ces enfans avec qui l'on a tant raisonné.

M. R. s'entend à merveille à joindre l'épigramme au sophisme. Il sait que c'est le moyen d'éblouïr, & d'avoir de son côté les rieurs qui sont en plus grand nombre que les raisonneurs. Par cela même que, comme il le dit, *de toutes les facultés de l'homme la raison est celle qui se dévelope le plus difficilement & le plus tard*, il faut l'exciter, la solliciter en quelque sorte à paroitre. Il s'en va sans dire que c'est par degrés, & sans aucun renversement d'ordre, qu'il convient de procéder. Vouloir qu'un enfant raisonne tout d'un coup, & sur des choses qui ne sont pas encore à sa portée, c'est forcer la nature, au lieu de l'aider. Mais rien de plus salutaire aux enfans que d'avoir quelque accoucheur de leurs premiers raisonnemens, qui, faute de ce secours, demeureroient ensévelis dans leur cerveau. Quand ils ont bien conçu en quoi consiste un premier raison-

E   nement.

nement, & ce qui en fait la force, ils paſſent à un ſecond, à un troiſième, &c. & font des progrès rapides dans cette carrière qui vaut bien celle où l'on joue, l'on ſaute, & l'on court. L'eſſentiel eſt que tout ſe faſſe à cet égard ſans contrainte & ſans pédanterie. Il eſt encore plus utile, ſelon moi, de raiſonner devant les enfans, qu'avec eux. Je ſai par expérience qu'ils gagnent infiniment à être de bonne heure avec des perſonnes ſenſées, qui ſoyent en même tems douces & gayes; ils s'attachent à elles préférablement aux petits camarades de leur âge; ils apprennent en ſilence à raiſonner, & tout d'un coup on eſt auſſi ſurpris que charmé de voir qu'ils ont épuiſé la Logique naturelle.

Page 179.

Voici la formule à laquelle peuvent ſe réduire à peu près toutes les leçons de morale qu'on fait & qu'on peut faire aux enfans. — —

Le Dialogue que M. R. imagine, montre l'opinion qu'il a de ceux qui dirigent les enfans; mais il ne prouve pas qu'elle ſoit fondée, & qu'on ſoit obligé de payer ſes élèves de ſemblables défaites. Il ne faut pas être un Docteur conſommé pour convaincre de bonne heure un enfant qu'il ne doit pas men-

mentir. La seule notion évidente de ne pas faire aux autres ce qu'il ne voudroit pas qu'on lui fît, notion qu'on peut assurément lui faire comprendre & adopter, suffit pour le conduire à la conviction, tant au sujet du mensonge, que de presque toutes les autres fautes dont il se rend coupable. L'Auteur défie Locke d'avoir pu substituer quelque chose à son dialogue. Sans être Locke, j'en viendrois, je crois, à bout, si je ne voulois ménager l'espace.

Page 181.

J'aimerois autant exiger qu'un enfant eut cinq pieds de haut, que du jugement à dix ans.

De la science, soit! quoiqu'un enfant puisse & doive déjà savoir bien des choses à cet âge; mais, pour du jugement, s'il n'en a point, je doute qu'il en ait jamais beaucoup.

Page 191.

La plus importante, la plus utile règle de toute l'éducation, ce n'est pas de gagner du tems, c'est d'en prendre.

On peut perdre le tems mal à propos, en suivant l'une & l'autre de ces deux voyes. Ceux qui veulent gagner trop de tems, produisent des sujets précoces, auxquels conviennent pour l'ordinaire tous les griefs de M. R. contre les éducations ordinaires. Ceux qui veulent prendre trop de tems, & sourtout autant qu'avec Emile, arrivent ensuite trop tard; ils sont dans le cas d'un Jardinier qui voudroit mettre en espalier un arbre dont les branches ont perdu leur flexibilité. La bonne éducation, qui n'est après tout que celle qui est pratiquée aujourd'hui par les peres & par les maîtres sensés, tient un juste milieu. Il faut que l'enfant soit en haleine, & qu'il y soit toujours; mais il ne faut jamais qu'il perde haleine.

Page 192.
Il faudroit qu'ils (les enfans) *ne fissent rien de leur ame jusqu'à ce qu'elle eut toutes ses facultés.*

Ne diroit-on pas que les facultés viennent à l'ame à un certain âge, à tel jour de tel mois & de telle année? Ces facultés existent dans l'ame dès que l'enfant ouvre les yeux à la lumiere; il s'agit de l'aider à les déveloper; & le plutôt, dès que d'ailleurs on s'y prend bien, est toujours le meilleur.

Page 193.
Prenez le contrepied de l'usage, & vous ferez presque toujours bien.

Cela

Cela veut dire assez clairement que M. R. est le premier qui ait vu ce qu'il faloit faire; qu'il est également l'Instituteur d'Emile & celui de tout le genre humain; qu'on n'a fait avant lui que déraisonner & gâter la besogne. L'heureux siècle que le nôtre pour les découvertes!

Page 194.

Exercez son corps, ses organes, ses sens, ses forces; mais tenez son ame oisive aussi lomgtems qu'il se pourra.

Il y a plus à perdre pour l'ame dans cette oisiveté qu'il n'y auroit à perdre pour le corps, si elle le concernoit. L'ame d'un enfant de douze ans, qui n'a porté encore aucun jugement sur quoi que ce soit, est plus engourdie que ne le seroit son corps s'il avoit été jusqu'alors emmaillotté. Si c'est la maturité de l'enfance qu'il faut attendre, & le dévelopement du caractère, ou du génie particulier de l'enfant, un bon Instituteur sera au fait, & pourra mettre l'usage des leçons en train, dès l'age de six ans au moins. On sent bien que je ne condamne pas moins fortement que M. R. tous les abus d'une éducation gâtée & mal dirigée: mais je n'ai garde de convenir qu'à l'exception de celle d'Emile, elles soyent toutes dans le cas.

Page 199. 200.

Je veux élever Emile à la campagne, loin de la canaille des Valets, les derniers des hommes après leurs maîtres.

J'aurai difficilement bonne opinion de la sagesse d'un Gouverneur qui débute par injurier tout le genre humain. La leçon de S. Jacques, Chap. IV, v. 12. lui conviendroit fort: *Toi qui condamnes les autres,* QUI ES-TU?

Page 203.

Dites-lui posément, sans affectation, sans mystere, ce pauvre homme est malade, il a un accès de fièvre.

Faire croire à un enfant qu'une personne qu'il voit dans l'emportement de la colère, a la fièvre, est un fort mauvais expédient, malgré la complaisance avec laquelle l'Auteur s'étend sur ses heureuses suites. Cet enfant, tout idiot qu'il est, & que vous voulez qu'il reste, découvrira bientôt que la colère n'est point une maladie; & alors il se défiera de votre sincérité, il ne vous croira plus, il ne vous écoutera plus. En général, tout le Système de l'éducation d'Emile ressemble fort au Conte *des Oyes de frere Philippe* dans la Fontaine. Vous tenez un enfant dans l'ignorance, tant que vous pouvez; l'objet que vous lui aviez caché, se présente, le frappe, l'éclaire & l'émeut tout à la fois; mais vous n'êtes plus maître de l'impression, ni de son effet, parce que rien n'a été prévu, amené, préparé. Toute cette vigueur du corps que vous avez tant cultivée, devient un ressort qui se débande avec impétuosité, malgré vous, & si vous vous y opposez, contre vous. Voilà tout ce qu'on gagneroit à élever de petits sauvages. Emile se plie au gré de son Instituteur; mais Emile est un être de raison, c'est la plus grande de toutes les chimeres.

Page 209. dans la Note.

La plupart des enfans veulent ravoir ce qu'ils ont donné, & pleurent quand on ne veut pas le leur rendre. Cela ne leur arrive plus quand ils ont bien conçu ce que c'est que don.

Et voilà donc pourquoi il faut raisonner de bonne heure avec eux, leur donner les idées des choses, les expliquer convenablement à leur portée. La meilleure maniere de réfuter M. R. ce seroit de relever ses contradictions. Tous ses Ouvrages en fourmillent; mais celui-ci enchérit beaucoup à cet égard sur les autres. Aussi voit-on presque à chaque page que l'Auteur sent les difficultés, les impossibilités de son plan:

E 4 &

& il donne plus d'une fois carte blanche à ſes Lecteur de le planter là, & de retourner à leurs uſages. C'eſt auſſi ce qu'il y a de mieux à faire, & ce qu'on auroit fait ſans qu'il l'eût dit. Il ne laiſſe pas d'y avoir une foule de bonnes remarques de détail dans Emile; mais elle ont rarement le mérite de la nouveauté. Leur relief vient principalement de ce ton ſententieux qui plaît tant à nos Philoſophes modernes. Un homme de bon ſens qui a élevé quelques enfans, en ſçait plus ſur la bonne éducation, que toutes les ſpéculations de M. R. ne lui en ont appris

Page 209.-219.

Il s'agit donc de remonter à l'origine de la propriété. — Le petit méchant ne ſongeoit guères en plantant ſa feve qu'il ſe creuſoit un cachot où ſa ſcience ne tarderoit pas à le faire enfermer.

M. R. aime les exemples & les récits; il les traîne même un peu en longueur. Cela convient au fond à ſon ouvrage qui eſt d'ailleurs ſec & abſtrait. Mais quand il dit, que *ce qu'il renferme dans deux pages d'écriture ſeroit peut-être l'affaire d'un an dans la pratique*, il ſe réfute de plus en plus lui-même. Conçoit-on bien qu'un génie du premier ordre, tel que doit être l'Inſtituteur, ſuive patiemment pendant une douzaine d'années toutes les allures d'un enfant qui ne fait que ce qu'il veut, pour ſaiſir de loin à loin quelques occaſions de lui enſeigner des choſes qu'il lui auroit fait comprendre par la méthode ordinaire en une demi-heure de tems. Il feroit beau de voir déſormais les rues & les campagnes remplies d'enfans débandés, après lesquels leurs Gouverneurs couruſſent du matin au ſoir.

Page 224.
Les menſonges des enfans ſont tous l'ouvrage des maîtres.

Tout comme le péché eſt l'ouvrage, ou la ſuite de la Loi. Un enfant automate, à qui l'on ne fait point connoitre la moralité des actions, ne mentira pas ſans doute. Mais y a-t-il à gagner pour lui de demeurer dans cet état? On ne peut décider qu'après une ſupputation exacte des avantages & des déſavantages; au lieu que l'Auteur le fait toujours de ſa ſeule autorité, & par une pure pétition de principe. Un enfant qui ne ſauroit mentir parce qu'il ne connoit, ni le bien, ni le mal, ne vaut pas un enfant qui eſt expoſé à mentir, & ment même quelquefois, parce qu'il a cette connoiſſance. Un enfant qui ne mentiroit jamais,

mais, par raison & par principes, vaudroit mieux ; & c'est à quoi tend la bonne éducation. *Qui nunquam male, nunquam bene.*

Page 227.

Veut-on le rendre pieux ? On le mene s'ennuyer à l'Eglise. En leur faisant incessamment marmotter des prieres, on les force d'aspirer au bonheur de ne plus prier Dieu. Pour leur inspirer la charité, on leur fait donner l'aumône, comme si l'on dédaignoit de la donner soi-même.

Tout est abus aux yeux de M. R. Il est sûr que de petits sauvages ne peuvent se plaire, ni à l'Eglise, ni dans l'exercice de la priere, ni dans la pratique de l'aumône. Mais je vois tous les jours des enfans, qui vont à l'Eglise avec une véritable satisfaction, qui prient d'une maniere recueillie, qui donnent du meilleur de leur cœur ce qu'on ne leur rend point. Ce n'est qu'en ouvrant leur esprit, & en formant leur cœur de bonne heure, qu'on les conduit à ce point. Vaudroit-il mieux ne les y pas conduire ? Si M. R. le prétend, j'espere qu'il demeurera seul de son avis.

Page 231.

Toutes les vertus par imitation sont des vertus de Singe.

Emile

Emile est un jeune chat, ou chien, qui prend ses ébats. Un enfant ordinaire est d'abord un petit Singe; soit! Mais, si on lui apprend à juger & à raisonner, ce qu'il a fait pendant quelque tems par imitation, il le fera bientôt après par réflexion, & trouvera dans l'habitude déjà acquise des facilités qui seront une grande avance. Heureux les enfans qui imitent les bons exemples dès qu'ils sont en état d'agir! Leur état aura dans la suite quelque ressemblance avec celui des habitans du Ciel, inébranlablement confirmés dans la pratique du bien.

Page 233.
Les plus sublimes vertus sont négatives.
M. R. infère de là dans la note de la page suivante, que ces vertus, & surtout l'observation du grand précepte de ne jamais nuire à autrui, emportent l'obligation de tenir à la société humaine le moins qu'il est possible; *car*, ajoute-t-il, *dans l'état social le bien de l'un fait nécessairement le mal de l'autre*. Etranges vertus que celles qui nous écartent & nous bannissent en quelque sorte de la Société! Le vrai bien de l'homme vertueux ne fait jamais le vrai mal de qui que ce soit. Et pour arriver à ce vrai bien, il faut que l'état social subsiste,

siste, que l'homme y vive, & y contracte toutes les relations, tous les engagemens, qui sont compatibles ensemble, & avec la mesure de ses forces. C'est être réduit à bien peu de chose dans le monde que de n'y être que négatif. J'avoue qu'il seroit à souhaiter que tous les méchans devinssent tels; mais, si c'étoit à condition qu'il en fût de même des bons, le marché ne seroit pas avantageux.

Page 237.

Quiconque veut trouver quelques bons mots, n'a qu'à dire beaucoup de sottises. Dieu garde de mal les gens à la mode qui n'ont pas d'autre mérite pour être fêtés.

Les vrais bons mots ne sortent gueres de la bouche des grands parleurs. Ce qui les rend piquans, c'est le silence qui les a précédé, l'air froid dont on les accompagne. Un diseur de bons mots est presque toujours celui qui en dit le moins; aussi est-il aisément desarçonné, non seulement par les gens d'esprit, mais même par les saillies imprévues d'hommes d'ailleurs très bornés.

Page 239.

Des enfans étourdis viennent les hommes vulgaires; je ne sache point d'observation plus générale & plus certaine que celle-là. Rien n'est plus difficile que de distin-

distinguer dans l'enfance la stupidité réelle de cette apparente & trompeuse stupidité qui est l'annonce des âmes fortes.

Ces observations sont justes; mais j'en tire des conséquences tout opposées à celles de M. R. Les enfans, soit étourdis, soit engourdis, abandonnés à eux-mêmes, ou élevés comme Emile, suivront la loi générale suivant laquelle tout état de mouvement ou de repos dure, à moins que quelque cause externe ne le fasse changer. L'étourderie deviendra pétulance; l'engourdissement, bêtise. Au lieu qu'en modérant de bonne heure la premiere, & en excitant l'autre, on amene les enfans de l'une & de l'autre sorte à ce juste milieu qui fait les gens sensés.

Page 242.

N'est-ce rien que de sauter, jouer, courir toute la journée? De sa vie il ne sera si occupé.

Oui, mais de sa vie il ne voudra s'occuper autrement. Quand vous voudrez le fixer, il sera trop tard. L'exemple d'Emile ne prouve rien; c'est une fiction: l'Auteur en fait ce qu'il veut, ce qu'il a envie d'en faire; mais qu'il travaille sur des Emiles réels, & il se trouvera loin de son compte.

Page

Page 244.

Je dis donc que les enfans n'étant pas capables de jugement n'ont point de véritable mémoire.

Je dis tout au contraire que les enfans ayant de bonne heure du jugement, & même beaucoup plus qu'on ne leur en suppose dans les éducations ordinaires, peuvent tirer un excellent parti de la mémoire, pourvu qu'on les conduise bien. Assurément, si l'on vouloit d'un côté retarder volontairement les progrès de leur raison, & de l'autre leur faire apprendre des mots dont le sens leur fût inconnu, sans les accompagner d'aucune explication, ce seroit une fort mauvaise besogne. Mais, sans être un prodige, un enfant avant l'âge de douze ans, aura appris & compris quantité de choses qu'il ne lui conviendroit pas même d'apprendre plus tard.

Page 246.

On se trompe encore en voulant les rendre attentifs à des considérations qui ne les touchent en aucune manière, comme celle de leur intérêt à venir, de leur bonheur étant hommes, de l'estime qu'on aura pour eux étant grands; discours qui, tenus à des êtres dénués de toute prévoyance, ne signifient absolument rien pour eux.

On

On se tromperoit bien plus, en croyant qu'ils ne sont pas prenables par ces motifs, & l'on négligeroit de cultiver ce qu'il y a de plus précieux dans leur ame; le sentiment, qui est la base inébranlable de toute bonne éducation. Seulement il ne faut pas leur faire envisager des choses placées dans un trop grand éloignement. Dites à un enfant de sept à huit ans, qu'il sera dans peu examiné devant des personnes qu'il aime & qu'il respecte; que, s'il répond bien, cela lui fera honneur; que ces personnes lui donneront des marques d'affection; il passera les jours & les nuits, si on le laisse faire, à se préparer. Dites à un Ecolier de huit à dix ans, qu'il aura le premier prix de sa Classe, qu'il sera promu avec distinction à une autre, il en sera de même. Il y a d'excellens moyens de rendre les études agréables & intéressantes pour les enfans; & alors avec ces études mêlées aux récréations ils sont beaucoup plus heureux qu'ils ne le seroient en vaquant aux seuls exercices du corps. M. R. dit: Pourquoi priver un enfant du bonheur attaché à son âge? Je réponds: Pourquoi ne pas anticiper un bonheur tout autrement considérable dont il est susceptible?

Page

Page 247.

Le Blason, la Géographie, la Chronologie, les Langues, &c. toutes études si loin de l'homme, & surtout de l'enfant, que c'est une merveille, si rien de tout cela peut-être utile une seule fois en sa vie.

Il n'y a rien à répondre à ces décisions outrées, à ces exagérations fanatiques. Qu'Emile & son Instituteur se passent de ces connoissances, si tel est leur bon-plaisir. Elles feront l'occupation utile, honnête, délicieuse, d'un nombre infini de gens qui les valent bien, & qui feront charmés qu'on ait mis à profit les premieres années de leur vie, pour les faire entrer dans cette route. Je n'ai pas besoin de répéter que je connois les abus comme M. R. & que je les blâme comme lui. Mais je m'abstiens de les détailler, parce que je n'écris pas un Traité d'Education, & qu'il en existe de fort bons, dans lesquels ces matieres sont discutées.

Page 252.

Par une erreur encore plus ridicule on leur fait étudier l'Histoire.

Si, pour étudier l'Histoire, il faut attendre qu'on soit en état d'apprécier les faits par leurs rapports moraux, on attendra longtems; & M. R. lui-même n'ira pas bien

bien loin dans cette carrière. Les vrais ressorts des événemens sont presque toujours impénétrables; les meilleurs Historiens ne font que conjecturer, deviner; ou peut-être les meilleurs sont ceux qui s'abstiennent de toute conjectures. Les caractères des Princes & des Ministres donnent sans doute des lumieres, des éclaircissemens, sur leur démarches: mais est-il aisé de les déterminer? Ce qu'on appelle portraits dans les Historiens, & surtout dans nos modernes, n'a qu'une ressemblance très imparfaite avec les originaux: ce sont des morceaux de fantaisie. Ceux qui croyent bien connoitre Cromwel, Richelieu, Turenne même & Condé, d'après leurs vies & leurs histoires, seroient fort étonnés s'il se pouvoit qu'ils vécussent familierement avec eux, encore plus qu'ils lussent dans le fond de leur ame. M. R. prétend découvrir ici ce qui se passoit dans celle d'Alexandre, lorsqu'il prit le remède que le Médecin Philippe lui présentoit. Son idée à ce sujet lui plait au point de déplorer le malheur de ceux non seulement qui ne la saisiront pas, mais même de ceux à qui elle ne viendra pas d'avance. Nous ne lui répondrons point: *tai-toi, Jean Jacques;* mais nous croyons qu'Alexandre ne fit autre chose que

F   ce

ce qu'il avoit fait en sautant seul dans la ville des Oxydraques, c'est de ne connoître aucun danger, de les braver également tous. Si M. R. soutient qu'alors c'est une extravagance, nous lui demanderons si c'est la seule qu'on trouve dans la vie du Roi de Macédoine. A quoi tint-il qu'il ne fût enseveli avec son Armée dans les sables de la Libye, lorsqu'il alloit au Temple de Jupiter Ammon? Dira-t-on qu'il s'exposoit à ces risques parce qu'il croyoit à la Providence? Au reste j'ai tiré de cet endroit l'épigraphe de mon Ouvrage; & cela suffit pour montrer qu'elle n'a rien d'incivil, ni de désobligeant, puisque je ne fais que répéter les paroles d'une Dame bien intentionnée pour l'Auteur.

Page 258.

S'il n'y a point de Science de mots, il n'y a point d'étude propre aux enfans.

S'il n'y a point de Science sans mots, il n'y a en a aucune que l'on ne puisse enseigner aux enfans, pourvu qu'on le fasse bien, & surtout en observant les gradations nécessaires. Le vraye Science tient le milieu entre la pédanterie des derniers siecles, & le babil philosophique de celui-ci.

Page 260.

Il (l'enfant) *tint régiſtre en lui-même des actions, des diſcours des hommes, & tout ce qui l'environne eſt le livre dans lequel, ſans y ſonger, il enrichit continuellement ſa mémoire, en attendant que ſon jugement puiſſe en profiter.*

Le régiſtre d'un enfant qui ne fait que courir & s'amuſer, & que ſon Gouverneur ſe contente de ſuivre, d'obſerver, ſans lui parler, ou du moins ſans l'inſtruire que de loin à loin, ce régiſtre, dis-je, dreſſé à la campagne, parmi de petits païſans, n'a pas l'air de devenir fort étendu, ou d'être bien mis au net. Quand on en viendra au fait & au prendre, ce pourroit bien être *tabula raſa*.

Page 261.

Emile n'apprendra jamais rien par cœur, pas même des Fables, pas même celles de la Fontaine.

Tout le morceau ſuivant au ſujet des Fables de la Fontaine n'eſt qu'une bourraſque de mauvaiſe humeur. Ce charmant Recueil convient à tous les âges; & ſi l'enfance n'en épuiſe pas toutes les beautés, & toutes les inſtructions, elle en peut tirer déjà un très bon parti, ſurtout ſous une ſage direction. Je ne ferai point l'examen de la

critique que M. R. fait ici de la fable du Corbeau & du Renard, qu'il appelle, je ne sçai pourquoi, la premiere de toutes, puisque c'est celle de la Cigale & de la Fourmi qui occupe ce rang. Il n'y a presque pas une des choses que M. R. prétend devoir être & demeurer ignorées de l'enfant par rapport à l'explication de cette Fable, qui ne puisse au contraire & ne doive lui être connue. D'ailleurs on n'analyse pas les fables d'une maniere aussi détaillée, en les faisant lire ou apprendre aux enfans; cela n'est pas necessaire, & il suffit de répondre à leurs questions, lorsqu'ils en font de judicieuses. La Morale de ces Fables n'est pas plus difficile à justifier que leur tour. La Cigale est une fainéante, le Corbeau un sot orgueilleux, &c. Mais il suffit pour montrer jusqu'où va l'amertume, non de la censure, mais de la Satyre la plus mordante, dans notre Auteur, de rapporter la conclusion de cet endroit. *Il faut une morale en paroles, & une en actions dans la Société; & ces deux morales ne se ressemblent point. La premiere est dans le Catéchisme où on la laisse; l'autre est dans les Fables de la Fontaine pour les enfans, & dans ses Contes pour les meres. Le même Auteur suffit à tout.* M. R. ne craint-
il

il point le fort d'Orphée, ou du moins l'avanture de Clopinel?

Page 274.

La lecture est le fléau de l'enfance, & presque la seule occupation qu'on sait lui donner. A peine à douze ans Émile saura-t-il ce que c'est qu'un Livre.

Je puis certifier à M. R. que j'ai vu plus d'une fois des enfans, dont on n'avoit point eu dessein de prématurer les progrés, avoir le goût de la lecture avant l'âge de huit ans, & s'en occuper délicieusement.

Page 276.

Un moyen plus sûr que tous ceux-là, & celui qu'on oublie toujours, est le désir d'apprendre.

Pour exciter ce desir, l'Auteur l'associe à celui de *manger de la crême*. Dans tous ses Ouvrages il paroit faire cas de ce mobile; & ses principaux personnages y sont fort sensibles, ils se donnent sans façon pour gourmands. C'est bien la nature, mais est-ce la belle nature? A bon compte, j'ai toujours vu les enfans bien élevés recevoir sans répugnance les leçons de lecture, d'écriture, &c. qu'on leur donne, et attendre même les heures avec inpatience, dès qu'on n'y met aucune gêne déplacée, aucune rigueur excessive. En général, un enfant formé à la docilité & à l'obéissance sera toujours plus heureux qu'un enfant indocile & volontaire.

Page 279.

Pourquoi toujours des réponses? Si ma méthode répond d'elle-même aux objections, elle est bonne; si elle n'y répond pas, elle ne vaut rien.

M. R. confond sa méthode, & son Emile. Emile réussit à souhait: donc la méthode qui le forme est excellente. Mais où est Emile? Qu'on le montre, lui ou son pareil! Alors la méthode sera bonne, ou plutôt simplement possible, mais non applicable à tous les individus de la société, qu'il est absolument impossible d'élever de cette manière. Je suis sûr que M. R. le sçait & le sent mieux que je ne pourrois le lui dire. Veut-il donc se jouer des Lecteurs; ou est-il lui même de jouet de son enthousiasme?

Page 280.

C'est une erreur bien pitoyable d'imaginer que l'exercice du corps nuise aux opérations de l'esprit; comme si ces deux actions ne devoient pas marcher de concert, & que l'une ne dût pas toujours diriger l'autre!

Voilà

Voilà la saine doctrine : que M. R. s'y tienne. Ces deux actions doivent toujours *marcher de concert*. Mais, si vous faites tout pour le corps pendant plusieurs années, bien loin que cela vous ait avancé pour l'esprit, vous vous trouverez considérablement retardé. Les Païsans & les Sauvages auxquels l'Auteur provoque, déposent contre lui. Les Païsans demeurent bornés, à quelques exceptions près ; & les Sauvages, que M. R. représente comme les plus fins d'entre les hommes, n'ont guères d'autre finesse que celle des animaux, celle qui tient à la force des sens & de l'imagination. Ajoutons que le Païsan, quoiqu'en dise l'Auteur, vaut mieux que le Sauvage, précisément parce qu'il a reçu quelques instructions de plus. Mais l'un & l'autre ne sont que des hommes ébauchés.

Page 285.

Plus il se rend fort & robuste, plus il devient sensé & judicieux.

Toujours la même pétition de principe. N'a-t-on pas l'exemple des Gentils-hommes livrés à l'exercice de la chasse ; ils parviendront à y exceller, soit, mais ils demeureront d'ailleurs les plus sots de leur espèce?

Page 286.

Vous ne parviendrez jamais à faire des sages, si vous ne faites d'abord des polissons.

C'est enter un fruit exquis sur un bien mauvais sauvageon.

Page 291.

Comment y remédier (aux caprices d'un enfant?)

Les exemples & les moyens dont M. R. enchasse ici un assez long récit, ont tout l'air de ce qu'ils sont, d'une pure fiction. Il n'y a guères d'enfans aussi gâtés que celui qu'il introduit sur la scene : & l'on ne prendroit, je crois, pas la voye la plus courte en les traitant comme M. R. traita son prétendu éléve.

Page 304.

La premiere fois que je sortis de Geneve - - - je jettois des pierres contre la montagne de Saleve qui étoit à deux lieues de moi.

Il faudroit savoir quel âge M. R. avoit alors ; & prouver ensuite qu'un enfant en état de lancer des pierres, puisse être assez idiot pour vouloir atteindre à deux lieues de soi.

Page 308.

Vous donnez la Science, à la bonne heure: moi je m'occupe de l'instrument propre à l'acquérir.

Vous préparez l'instrument, & vous laissez passer le tems du travail, de la culture.

Page 309.

Le sage Locke, le bon Rollin, le savant Fleuri, le pédant de Crousaz - - -

- - Et quand il sera question de continuer l'énumération, & de dire *le - - - Rousseau*, que faudra-t-il mettre au lieu de ces points?

Page 310.

L'habillement François, génant & malsain pour les hommes, est pernicieux surtout aux enfans.

Il y a plus de préjugé là dedans que de réalité. Quand le corps n'est pas soutenu, il s'affaisse, surtout dans les enfans. Le corps même de baleine prévient quantité de mauvais plis que l'habitude, les jeux immodérés, & les accidens, peuvent causer à cet âge. Il suffit d'éviter l'inconvénient des fortes ligatures. Le Prussien est bien plus serré, & pour ainsi dire, sanglé que le François; s'en porte-t-il plus mal? Est il moins dispos & vigoureux, que ceux qui portent des habits lâches, ou de longs vêtemens?

Page 313.
Il verroit (l'enfant) *avec moins d'effroi le plus noir cachot que les apprêts de sa parure.*

Il y a une parure innocente, qui assortit à l'état, & qui est compagne de la propreté. Il s'agit toujours d'éviter les deux extrèmes. La simplicité peut être affectée tout comme la parure: on voit des gens qui se plaisent à être mal mis & mal propres, qui cherchent à se distinguer par là.

Page 314.
Je conseillerois — de ne point changer d'habits, selon les saisons.

Ce conseil suppose des Emiles tout faits, au lieu qu'il s'agit de commencer par en faire. D'ailleurs il y a des contrées où les variations de l'air sont si subites & si pénétrantes, que les Emiles mêmes se trouveroient mal de négliger toutes les précautions.

Page 317.
Locke — qui veut que les enfans se baignent l'été dans l'eau glacée, ne veut pas, quand ils sont échauffés, qu'ils boivent frais, ni qu'ils se couchent par terre dans des endroits humides.

Locke étoit meilleur Médecin, & même meilleur Philosophe que M. R. Il ne faut per un grand effort pour comprendre que, si la surface du corps peut être durcie, & accoutumée par degrés à soutenir l'action de l'air le plus froid, ou de l'eau la plus froide, il n'en est pas de même des visceres, & des parties intérieures, qui dans l'état d'agitation & de gonflement où quelque exercice violent les a mis, ne peuvent résister à l'espece de surprise causée par l'eau froide, ou par quelque liqueur à la glace. En général la transpiration arrêtée n'est pas moins funeste à un homme robuste qu'à un homme délicat, ou même elle l'est davantage, parce que les attaques d'un mal quelconque, toutes choses d'ailleurs égales, ont une vigueur proportionnelle à celle de l'individu attaqué.

Page 323.

Parlez tant qu'il (l'enfant) *soit forcé à se taire, & bientôt il dormira.*

Ce moyen n'est pas judicieux, puisqu'il faudra le répéter tous les soirs, ce qui ne peut que fatiguer beaucoup le parleur. Un enfant en santé, qui a fait un exercice modéré, s'endort dès qu'il a la tête sur le chevet, sans autre façon.

Page 326.

Plus on l'apprivoisera avec les souffrances qui peuvent l'atteindre, plus on leur

leur ôtera, comme eût dit Montaigne, la pointure de l'étrangeté.

Pour devenir Magistrat, Négociant &c. il n'est pas besoin d'avoir été auparavant Athlete, Spartiate, Sauvage. Rien d'efféminé dans l'éducation des garçons, cela suffit. Ceux qui se destinent au métier des armes, peuvent s'accoutumer d'avance à de plus grandes fatigues ; mais je n'en vois pas la nécessité pour les autres. Ils tomberont, dit-on, dans des situations où ces précautions, ces préparatifs, auront leur utilité. Je répons que ces révolutions dans la fortune des particuliers sont rares, & que pour l'ordinaire on se durcit dans le tems même de l'épreuve.

Page 328.

L'homme de la nature est toujours préparé, laissons le inoculer par le maître ; il choisira mieux le moment que nous.

Le danger de la petite vérole dépendant uniquement de l'espece de ce mal, l'homme de la nature n'est pas plus à l'abri d'une petite vérole meurtriere, que tout autre : ainsi il y a tout autant à gagner pour lui que pour tout autre à recevoir à propos une espece bénigne par la voye de l'inoculation.

Page

Page 349.

Quels avantage un homme ainsi élevé n'aura t-il pas la nuit sur les autres ?

Tous les conseils qu'on trouve ici sont fort bons, mais pouvoient tenir beaucoup moins de place. D'ailleurs j'ai toujours vu des enfans bien élevés ne point craindre les ténébres; & quand on est exemt de cette crainte, il n'est pas difficile d'aller & venir librement dans les endroits dont on connoit la disposition. Mais M. R. étoit bien aise de profiter de cette occasion pour distribuer des bon-bons.

Page 356.

Qu'Emile coure les matins à pieds nuds, en toute saison, par la chambre, par l'escalier, par le jardin; loin de l'en gronder, je l'imiterai.

Ce sera là un *criterium* admirable pour reconnoitre desormais les Emiles & leurs Instituteurs.

Page 368.

Quand il remportoit rarement le prix, il le mangeoit presque toujours seul.

Des prix qu'on mange; c'est la base de la gymnastique de M. R. & de presque tout son système d'éducation. On peut lui appliquer le mot, *venter artis magister.*

Page

Page 373.

Je veux — qu'il crayonne une maison sur une maison, un arbre sur un arbre.

M. R. convient que cela ne produira presque jamais que des barbouillages, & il assure qu'Emile acquerra cependant un coup d'oeil plus juste, une main plus sure, que si on lui donnoit les régles du dessein. Les essais informes ne servent qu'à gâter ceux qui s'en occupent trop longtems, à plus forte raison ceux qui ne vont pas au delà. Il y a donc tout lieu de croire que de pareilles peintures ne mériteront jamais l'honneur du *cadre uni*.

Page 379

Je ne prétens point apprendre la Géométrie à Emile, c'est lui qui me l'apprendra.

C'est à dire que tout Emile sera un Pascal; encore sait-on que Pascal, avec toute la force de son génie, n'alla pas bien loin de lui-même. Les suppositions ne coûtent rien; le papier les admet toutes; mais s'agit-il de les réaliser, *hic Rhodus, hic saltus*. Il est vrai que M. R. a ici une ressource intarissable pour lui, c'est de faire manger des gauffres Géométriques à son éléve. Le petit gourmand épuisera tout l'art d'Archimede, pour trouver dans

laquelle

laquelle il y a le plus à manger. Peut-on débiter auſſi gravement de pareille niaiſeries ?

Page 368.
Tout ce qui ſe fait eſt faiſable.

Mais tout ce qui ſe fait, n'eſt pas toujours bon à faire. Dans toutes les foires on voit des enfans faire des ſauts périlleux, danſer ſur la corde. Donc il faut que tous les enfans en ſachent autant. Quelle conſéquence ! Après cela certains ſujets ont naturellement des diſpoſitions privilégiées pour ces exercices, taddis que d'autres ne les ont pas.

Page 388.
J'ai prouvé que l'eſprit qu'ils (les enfans) *paroiſſent avoir, ils ne l'ont pas,*

M. R. n'a jamais prouvé cela, & ne le prouvera jamais, parce que l'expérience ne ſe laiſſe point démentir. Il y a des enfans très ſpirituels ; & ce qui vaut encore mieux, il y en a qui ont l'eſprit bon, juſte, le goût auſſi formé que le permet le degré de leurs connoiſſances acquiſes. Ces prodiges-là valent bien les émules des chévreuils.

Page 393.
Ecartons de ſon cerveau toute attention trop pénible, & ne nous hâtons point de fixer

fixer son esprit sur des signes de convention.

De toutes les choses celle sur laquelle faut le moins négliger l'enfant, tarder moins à le former, c'est l'attention que M. R. met à l'écart, & dont il ne veut pas entendre parler. Les fibres du cerveau on un besoin bien plus essentiel que celles du corps, d'être mises de bonne heure en état de contracter les habitudes intellectuelles qui font l'homme avec beaucoup plus de promtitude & de succès que les habitudes corporelles.

Page 399.

La suprême bonté — nous avertit par ce qui plait à notre palais de ce qui convient à notre estomach.

Cette indication n'est ni suffisante, ni sûre: le vrai guide dans l'usage des alimens, c'est l'expérience de nos ancêtres. Quand on débarque dans une Isle inconnue, il arrive souvent d'y trouver des fruits dangereux, ou même mortels, qui ne laissent pas d'être beaux à la vue, & agréables au goût. La cigue, la jusquiame, mangées par méprise, n'avertissent point le palais de leurs propriétés funestes.

Page

Page 401.

Nous serions tous abstèmes, si l'on ne nous eût donné du vin dans nos jeunes ans.

J'ai assez constamment remarqué que les plus petits enfans à qui l'on donne du vin, le trouvent fort à leur goût dès la premiere fois.

Page 404.

Le moyen le plus convenable pour gouverner les enfans est de les mener par leur bouche.

Ici l'Auteur réduit en axiome ce qu'on lui a vû pratiquer deux ou trois fois dans cet ouvrage, & prôner en quelque sorte dans d'autres. Je crois qu'il sera bien difficile dans la suite de mener par la tête, par le cerveau, ceux qu'on ménera d'abord & habituellement par la bouche, par la gourmandise. Il est vrai qu'un Emile n'est gueres prenable par d'autres endroits; mais voilà pourquoi il ne faut point faire d'Emiles.

Page 409.

La barbarie angloise est connue.

Ce reproche est un peu barbare. Qu'on livre deux Villes au pillage, l'une à des François, l'autre à des Anglois; je doute que celle-ci soit la plus maltraitée. Les grands mangeurs de viande ne sont pas plus féroces que les autres, à moins qu'ils ne mangent de la chair crue, que ce ne soyent des Ogres ou des Anthropophages. Il n'étoit pas trop à propos de chercher à flétrir ici en passant les Chirurgiens, ni même les Bouchers. Le prétendu morceau de Plutarque qui suit n'est qu'une déclamation. Les animaux sont faits pour être mangés ; leur multiplication même l'indique, le démontre. Si on ne les mettoit pas sous la dent, il faudroit les détruire de quelque autre maniere ; sans quoi, ils nous mangeroient nous-mêmes, ou du moins ils dévoreroient notre subsistance. On cuit, on rôtit, on fricasse les chairs, parce que, sans ces apprêts, elles seroient coriaces, dures, & de mauvaise digestion. Il n'y a rien dans tout cela que de conforme aux lumieres de la raison & du plan de la Providence.

Page 417.

Soyez sûrs qu'ils (les enfans) *ne mangeront jamais trop, & n'auront pint d'indigestion.*

M. R. ne connoit pas les enfans. Il y en a, & en fort grand nombre, que la gloutonnerie feroit crever si l'on n'avoit l'oeil sur eux. Les heures reglées, & les portions déterminées, pourvu qu'il n'y ait
point

point de régime outré, font partie d'une éducation saine & salutaire.

Page 420. 421.

L'odorat — a dans l'amour des effets assez connus; le doux parfum d'un Cabinet de toilette n'est pas un piege aussi foible qu'on pense; & je ne sais s'il faut féliciter ou plaindre l'homme sage & peu sensible que l'odeur des fleurs que sa maitresse a sur le sein ne fit jamais palpiter.

Ces objets, ces images, ces instructions, sont-elles à l'usage des Emiles, ou des jeunes Instituteurs destinés à les former? Il n'y a qu'à y joindre *les ombrages & les mysteres qu'ils peuvent couvrir,* p. 426.

Page 425.

Considerons un enfant fait.

Le portrait que M. R. en trace est sans contredit agréable, & pourroit faire illusion; mais il faut se souvenir que ce n'est qu'un Emile en peinture, & que celui qui seroit présenté à l'âge de douze ans par son Instituteur, fut-ce l'Auteur même, ne seroit qu'un petit sauvage, très difficile à raboter & à polir. *Des yeux vulgaires,* dit M. R. p. 440. *ne voyent qu'un polisson.* Il ne se trouvera peut-être que deux yeux *non-vulgaires* parmi tous ceux qui sont actuellement ouverts. Ces airs de hauteur

G 2

ne

ne sauroient jamais tenir lieu d'autorité & former une décision.

Page 442.

C'est ainsi que l'Eléve d'Aristote apprivoisoit ce Coursier célébre qu'aucun Ecuyer n'avoit pu dompter.

Ce ne fut assurément pas comme Eléve d'Aristote qu'Alexandre dompta Bucéphale, mais par ce même principe d'une intrépidité qui l'étourdissoit sur toute sorte de danger, que nous lui avons attribué lorsqu'il avaloit le breuvage présenté par le Médecin Philippe.

REMARQUES
SUR
LE TOME II.

Page 7.

Ténébres de l'entendement humain, quelle main témeraire osera toucher à votre voile? Que d'abymes je vois creuser par nos vaines sciences autour de ce jeune infortuné! O toi, qui vas le conduire dans ces périlleux sentiers, & tirer devant ses yeux le rideau sacré de la Nature, tremble! Assure-toi bien premierement de sa tête & de la sienne: crains qu'elle ne tourne

tourne à l'un ou à l'autre, ou à tous les deux.

Il est aisé à une imagination forte de transformer tout en épouventails, de créer des précipices où il n'y a que des obstacles qu'on peut surmonter, ou éviter. L'éducation ordinaire & raisonnable ne fait tourner la tête à personne; elle procure aux jeunes gens la connoissance des choses qui leur sont utiles, de sages Instituteurs leur donnent les régles nécessaires pour les apprécier; ils les font marcher dans une route également distante de l'orgueilleux Dogmatisme & du Pyrrhonisme insensé!

Page 21.

En général ne substituez jamais le signe à la chose que quand il est impossible de la montrer.

En admettant la solidité de cette régle, son usage ne ménera pas bien loin. Dans la matiere même que l'Auteur traite ici, les leçons cosmographiques finiront bientôt s'il faut que l'éléve voye & observe lui-même tout ce qui en fait l'objet. Après avoir vû lever & coucher le Soleil, comment connoîtra-t-il le Zodiaque, l'Equateur, la marche des Planetes, &c.? De ces choses les unes ne sont visibles, ni au Ciel, ni sur la Terre; & les autres demanderoient

des

des années, des siecles d'observation, avant qu'on les découvrît par soi-même, & qu'on les réduisît en forme de science. L'art de faire des Cartes que l'élève apprendra en traçant les positions de sa ville & de la maison de campagne de son père, n'ira pas non plus fort loin : s'il veut connoître les parties du monde, leurs situations, & leurs divisions, il ne les verra que dans les Cartes, & ne les saura qu'après avoir étudié ces Cartes.

Page 24.

Quand il (l'enfant) *ne sauroit rien, peu m'importe, pourvu qu'il ne se trompe pas.*

Il seroit difficile en effet dans ce cas qu'il se trompât; mais cette ignorance est-elle la destination de l'homme, & le résultat d'une bonne éducation ? Autant valoit-il ne pas naître.

Page 26.

Il ne s'agit point de lui enseigner les sciences, mais de lui donner du goût pour les aimer, & des méthodes pour les apprendre, quand ce goût sera mieux dévelopé.

Qu'est-ce qu'un goût sans objet, & une méthode sans application, que l'on acquiert & qu'on tient en reserve jusqu'à un
autre

autre tems? Ne sont-ce pas des contradictions, des chimeres?

Ibid.

Quoiqu'il arrive, quittez tout avant qu'il s'ennuye.

Cette régle est bonne, mais elle demande des précautions & des restrictions. La legèreté naturelle des enfans, le défaut d'habitude, leur fera trouver les premieres leçons un peu ennuyeuses: si l'on défère à l'envie qu'ils auroient de les finir, presqu'aussitôt qu'elles ont commencé, cette fantaisie ne fera que s'accroitre, & l'on ne pourra jamais jouïr d'eux. Au lieu qu'en les gênant deux ou trois fois, ils se forment à l'attention requise pendant la durée d'une leçon, & tout va ensuite de plein pied.

Page 28.

Me voici de nouveau dans mes longs & minucieux détails. Lecteurs, j'entens vos murmures, & je les brave. Je ne veux point sacrifier à votre impatience la partie la plus utile de ce livre. Prenez votre parti sur mes longueurs; car j'ai pris le mien sur vos plaintes.

Cela s'appelle mettre fierement le marché en main. M. R. a pourtant envie d'être lu; cette envie est peut-être plus forte chez lui, que chez tout autre Ecrivain;

& tous ces tons singuliers ont pour but, de réveiller & de soutenir le Lecteur, non de le décourager & de le rebuter. Ici il s'agit d'amener & de faire passer l'histoire ou plutôt le conte du Joueur de Gobelets, & du Canard artificiel; mais, malgré ce sauf-conduit, rien n'est plus mal imaginé que ce récit, dont la longueur est le moindre défaut; tout y péche contre la vraisemblance. Ce Joueur de Gobelets, qui se pique d'émulation contre un enfant, qui va lui faire des reproches amers, & sermonne gravement son Instituteur, est un individu du monde des Emiles, qui n'est certainement pas le nôtre. Il faut réprimer l'orgueil naissant des enfans; voilà la morale. Si l'on attend de pareilles conjonctures pour la réduire en pratique, on attendra longtems. Cette Morale, pour son étendue & ses progrès, peut aller de pair avec la Cosmographie précédente, & avec la Physique expérimentale du passage suivant.

Page 40. 31.

Je ne veux pas qu'on entre - - dans un Cabinet de Physique expérimentale. Tout cet appareil d'instrumens & de machines me déplait. L'air scientifique tue la science. Ou toutes ces machines effrayent un enfant, ou leurs figures partagent & derobent

robent l'attention qu'il devroit à leurs effets. Je veux que nous faffions nous-mêmes toutes nos machines, & je ne veux pas commencer par faire l'inftrument avant l'expérience; mais je veux qu'après avoir entrevu l'expérience comme par hazard, nous inventions peu à peu l'inftrument qui doit la vérifier,

Il ne fuffit pas par de dire: Je veux l'impoffible, pour l'exécuter. Eſt il d'ailleurs raifonnable de renoncer aux connoiffances que les hommes ont acquifes avec tant de peine pendant tant de fiecles, pour fe replacer à l'enfence du monde? Encore ne le fait-on qu'illufoirement; Car fi l'Inftituteur n'avoit pas profité par les voyes ordinaires de ces acquifitions, il ne mettroit pas fon Emile fur la voye comme il le fait. Ainfi toute cette belle éducation fe réduit à un jeu fort infipide, pendant lequel on fait la perte irréparable du tems le plus précieux.

Page 48.

Tout ce qui tient à l'ordre moral & à l'ufage de la Société ne doit point fi tôt leur être préfenté (aux enfans,) *parce qu'ils ne font pas en état de l'entendre.*

Ouï, quand on recule & retarde volontairement le progrès de leurs connoiffances

& le dévelopement de leurs facultés intellectuelles. Si un enfant n'est pas membre de la société dans le même sens ou sur le même pied qu'un homme fait, il l'est à divers égards, & par plusieurs rélations dont il importe qu'il se fasse de bonne heure de justes idées. Un pere & une mere pourroient-ils voir avec beaucoup de satisfaction autour d'eux cinq ou six enfans tels qu'Emile, qui jusqu'à l'âge de douze ans seroient des automates fort remuans; & après cet âge même se jetteroient dans je ne sçai quelle Physique, dont les usages sont fort inférieurs à ceux qu'on tire des Sciences qui entrent dans le plan des éducations ordinaires.

Page 55.

Je n'aime point les explications en discours ; les jeunes gens y font peu d'attention, & ne les retiennent guères. Les choses ! Les choses !

Ces choses, ce sont la découverte de la position de la forêt au nord de Montmorenci, & toute la manœuvre imaginée pour y parvenir. S'il convient d'élever des Emiles, l'expédient est ingénieux; mais nous avons assez fait voir la chimere d'une semblable éducation. Elle se manifeste de nouveau à plein page 69. lorsque l'Auteur

arti-

articule les progrès de son éleve. *Je les marquerai*, dit-il, *tous les ans; je les comparerai à ceux qu'il fera l'année suivante; je lui dirai, vous êtes grandi de tant de lignes, voilà le fossé que vous sautiez, le fardeau que vous portiez, voici la distance où vous lanciez un caillou, la carriere que vous parcouriez, &c. Voyons maintenant ce que vous ferez.* Le beau régistre d'éducation! l'admirable tablature d'examen!

Page 70.

On dit qu'Hermès grava sur des colomnes les élémens des Sciences, pour mettre ses découvertes à l'abri d'un Déluge. S'il les eût bien imprimées dans la tête des hommes, elles s'y seroient conservées par tradition.

Un homme judicieux peut-il admettre cette supposition? Quand il seroit rigoureusement possible que les Jean-Jacques formassent des Emiles, ces Emiles en formeroient-ils d'autres à leur tour, & ainsi de suite. Et remarquez que, s'il n'y avoit point eu d'Hermès, il n'y auroit point eu de Jean-Jacques. De toutes parts des impossibilités que l'Auteur entasse avec confiance, comme si la simple affirmation suffisoit pour les transformer en axiomes. Au reste,

reste, si j'employe ici le nom de Jean-Jacques, ce n'est point par une impolitesse qui seroit très déplacée; c'est parce que M. R. se désigne ainsi dans tous les dialogues dont il a parsemé cet ouvrage.

Page 71.

Puisqu'il nous faut absolument des Livres, il en existe un, qui fournit, à mon gré, le plus heureux traité d'éducation naturelle --- Quel est donc ce merveilleux Livre? Est-ce Aristote? Est-ce Pline? Est-ce Buffon? Non; c'est Robinson Crusoe.

On a raison de dire qu'il ne faut jamais vendre sa bonne fortune. Robinson Crusoe ne devoit pas s'attendre à occuper un jour le poste d'honneur qu'on lui adjuge ici; & il ne faloit pas moins qu'un Traité d'éducation sauvage pour le lui procurer. Mais M. R. a-t il oublié que Robinson étoit un homme élevé dans le Monde, & qui y avoit reçu l'éducation ordinaire? Il avoit donc une grande avance pour imaginer tout ce qu'on lui fait exécuter dans son Isle. Et encore, malgré cette supposition, le romanesque perce continuellement dans cette fiction qui n'a jamais passé que pour un Livre subalterne. Il doit pourtant faire *l'amusement & l'instruction d'Emile*
pen-

pendant cette seconde époque de son institution. *Je veux*, dit l'Auteur, *que la tête lui en tourne; & je crois qu'il réussira.*

Page 75.

Tant qu'on ne connoit que le besoin physique, chaque homme se suffit à lui-même.

C'est ce dont je ne conviens pas. Cela ne seroit pas vrai des hommes qui auroient reçu l'éducation la plus instructive; à plus forte raison de ceux qu'on chargeroit du soin de faire eux-mêmes toutes les découvertes.

Page 76.

Comptez qu'une heure de travail lui apprendra plus de choses qu'il ne retiendroit d'un jour d'explications.

Ce conseil a déjà été donné. M. Pluche, dans son Spectacle de la Nature, recommande aussi d'aller d'attelier en attelier, de mettre même la main à l'oeuvre. Mais on ne peut pas apprendre toutes les manœuvres, & nous voyons dans la suite que l'Instituteur d'Emile se borne à en faire un Menuisier. Le cas réel d'apprendre quelque art, qu'on ne veut pas exercer soi-même dans la suite, est fort rare: il faut presque des motifs de l'ordre de ceux qui firent Pierre le Grand apprenti Charpentier à Amsterdam.

Page

Page 81.

Mon éleve - - - n'est presque encore qu'un être physique: continuons à le traiter comme tel.

Ainsi s'écoulent les années, sous la direction de M. R. & de son propre aveu. Il ne parle point des hommes à son éleve; mais leur retraite est-elle si écartée que cet éleve n'en voye aucun, & n'ait aucune liaison avec eux. Il n'a donc, ni parens, ni amis: il court, il saute, il jette des pierres, il grimpe des rochers. Bon voyage!

Page 82.

Un pâtissier est surtout, à ses yeux, un homme très important, & il donneroit toute l'Académie des Sciences pour le moindre Confisseur de la rue des Lombards.

Emile ne sait rien, mais en revanche il est très gourmand, & même très friand. Des pâtés & des confitures! Je parie que l'Instituteur les aime, sans quoi il ne les auroit pas fait aimer à son éleve.

Page 85.

Tous ces gens-là sont sottement ingénieux; on croiroit qu'ils ont peur que leurs bras & leurs doits ne leur servent à quelque chose, tant ils inventent d'instrumens pour s'en passer.

Il faut renoncer à la perfection des arts, ou y tendre par cette voye: lequel vaut le mieux? Ce que les hommes feroient simplement avec leurs bras & leurs doits, se réduiroit à fort peu de chose, & seroit la grossiereté même.

Page 89.

Tout peut être monnoye.

Cela est vrai, & ne l'est pas. Tout peut être monnoye conventionelle, moyennant le crédit & la bonne foi de ceux qui donnent cours à ce qui sert à cet usage; mais il n'y a de monnoye réelle que celle dont la valeur intrinseque règle le prix: & à cet égard il seroit impossible de substituer d'autres matieres à l'or & à l'argent, à moins que d'établir des formes de gouvernement particulieres, dont la durée n'est jamais longue.

Page 92.

Nous allons dîner dans une maison opulente.

Emile a donc des relations, il voit le grand monde. Mais y est-il présentable, lui qui n'est qu'un *être physique?* Non, non, c'est un philosophe à méditations. *Tandis que les philosophes égayés par le vin, peut-être par leurs voisines, radotent & font les enfans, le voilà lui seul philosophant*

sophant dans son coin. Je soupçonnerois fort que l'envie de radoter lui feroit passer celle de réfléchir. Mais Emile est tout ce qu'on veut, & par là même n'est rien.

Page 97.

Emile - - - aime fort les bons fruits, les bons légumes, la bonne créme, & les bonnes gens.

En revanche il n'aime point *ces femmes en grand panier, qui le traitent en marionette,* & dont *il n'est point fêté,* parce *qu'il n'a point cet air fat & requinqué qui plait tant aux femmes. Je me suis gardé,* dit le sage Instituteur, *de lui apprendre à leur baiser la main, à leur dire des fadeurs, pas même à leur marquer préférablement aux hommes les égards qui leur sont dûs.* Le principe de cette conduite, c'est qu'il *n'y a point de bonne raison pour un enfant de traiter un sexe autrement que l'autre.* La fausse politesse & l'usage du monde sont deux choses différentes. En préservant un éleve de la premiere, on ne peut se dispenser de l'instruire de l'autre, & de le lui faire pratiquer.

Page 100.

Nous nous sommes élancés dans les Cieux; nous avons mesuré le Tems;
nous

nous avons recueilli les loix de la nature; nous avons parcouru l'Isle entiere

Cela est bientôt dit, mais cela n'est pas aussitôt fait. On passeroit bien des années, peut-être des siecles, avec les Emiles, avant que de les conduire à ce point par la route que suit leur Instituteur.

Page 102.

Un homme qui voudroit se regarder comme un être isolé, ne tenant à rien, & se suffisant à lui-même ne pourroit être que misérable.

Ce principe est juste, mais sa conséquence immédiate & nécessaire est diamétralement en opposition avec tous les Ouvrages de M. Rousseau, puisque dans tous ces Ouvrages il ramene, autant qu'il est possible, les hommes à l'état originaire, & à l'égalité primitive. S'il croit faire des heureux, il se trompe; mais je doute qu'il fasse beaucoup de proselytes. On peut inspirer le desir de la mort à ses Auditeurs comme le faisoit Hégésias; mais on leur inspirera difficilement le desir de rompre tous les liens de la Société sans cesser de vivre. Plus j'avance dans la lecture de cet Ouvrage, moins je le trouve dangereux, par la raison que j'indique; c'est que les principes qu'il contient ne sont pas des se-

H mences

mences propres à germer dans le cœur humain.

Page 105.

Ne voyez-vous pas qu'en travaillant à le former exclusivement pour un état, vous le rendez inutile à tout autre?

Ne voyez-vous pas qu'en travaillant à le rendre propre à tous les états, vous le rendez incapable de se fixer à aucun? D'ailleurs cette aptitude universelle n'est qu'une spéculation chimérque.

Page 106.

Nous approchons de l'état de crise & du Siecle des révolutions.

M. R. ajoute dans une note: *Je tiens pour impossible que les grandes Monarchies de l'Europe ayent encore longtems à durer: toutes ont brillé, & tout Etat qui brille est sur son déclin. J'ai de mon opinion des raisons plus particulieres, &c.* Il ne manquoit à l'Auteur que le don de Prophétie pour en faire un homme extraordinaire en tout sens. Il sera le Jurieu des Philosophes.

Page 107.

Qu'on loue tant qu'on voudra ce Roi. - -

Le jugement est d'un Sauvage, & l'expression d'un maniaque.

Page 109.

Un rentier que l'Etat paye pour ne rien faire, ne diffère gueres à mes yeux, d'un brigand qui vit aux dépens des passans - - - Riche ou pauvre puissant ou foible, tout Citoyen oisif est un fripon.

Toujours des exagérations, ou des notions indéterminées. La distribution inégale des biens, qui entre également dans le plan de la Providence & dans celui de la Société, fait qu'on peut contribuer au bien public par l'usage légitime de ses richesses, tout comme par l'emploi & l'exercice de ses facultés corporelles. Le travail manuel peut avoir des utilités particulieres pour le riche; mais il n'est jamais une obligation essentielle, un devoir indispensable à son égard. Celui qui s'occupe de la culture de son esprit, qui éleve sa famille, qui entretient l'ordre dans sa Maison, qui soulage les pauvres, ne touchât-il jamais aucun outil, n'est point un Citoyen oisif, beaucoup moins un fripon. Il pourroit répondre à celui qui l'injurie de la sorte:

Va chercher tes coquins ailleurs: coquin, toi-même.

Le renvoi de ces injures seroit fréquent, si l'on vouloit noter tous les endroits où M.

H 2 R.

R. s'y expose. N'alléguons que ce passage de la page 113. *Vous avez étudié la politique & les interêts des Princes: voilà qui va fort bien, mais que ferez-vous de ces connoissances, si vous ne savez parvenir aux Ministres, aux Femmes de la Cour, aux Chefs des Bureaux; si vous n'avez le secret de leur plaire; si tous ne trouvent en vous le fripon qui leur convient.* Ce n'est pas là dépeindre ses contemporains, c'est les noircir.

Page 117.
Je veux absolument qu'Emile apprenne un métier.

Que répliquer à cela ? Emile obéira. Mais y aura-t-il beaucoup d'Emiles ? Prendra-t-on sur le tems destiné à élever des enfans de famille, de condition, celui de leur faire apprendre à fond un métier? Ces révolutions dans la fortune des particuliers, qui obligent dans la suite à recourir à de telles ressources, sont-elles assez fréquentes pour les regarder comme un motif déterminant? Il faudroit un tems infini pour analyser tous les détails de cette hypothese; mais il me semble qu'il ne faut pas beaucoup d'attention & de réflexion pour se convaincre qu'elle croule d'elle-même. *Le Gentilhomme de Locke* n'est point

point un objet ridicule, comme M. R. l'infinue. C'est un homme qui est élevé comme il lui convient de l'être. Autre fera l'éducation d'un Menuisier. Autre celle d'un Sauvage.

Page 120.

Tel entend un tambour, & se croit Général; tel voit bâtir, & veut être Architecte. Chacun est tenté du métier qu'il voit faire, quand il le croit estimé.

La remarque est juste, & l'expérience la vérifie tous les jours. La plûpart de ceux qui se vouent, par exemple, à l'état ecclésiastique parmi nous, le font parce qu'ils voyent des Prédicateurs en chaire, qu'il leur semble que cela leur feroit plaisir d'y être aussi, & qu'ils en feroient bien autant que les autres. Les éloges que reçoivent les Prédicateurs estimés achevent d'allécher les jeunes gens, quelquefois de simples enfans; & l'on prend ce desir aveugle pour la plus belle vocation du monde. C'est un grand art que celui de découvrir à quoi sont propres les enfans ou les éleves dont on est chargé. Leur inclination ne décide de rien; c'est une simple indication: il ne faut consentir au parti qu'ils peuvent prendre, que quand leur capacité s'accorde avec leur desir. Ils ne sont pas eux-mêmes

H 3   juges

juges compétens de cette capacité, & par malheur la plûpart des peres & meres ne sont pas plus éclairés qu'eux sur ce sujet. De là tant de sujets déplacés.

Page 122.

Je voudrois qu'un homme judicieux nous donnât un Traité de l'art d'observer les enfans. Cet art seroit très important à connoître: les peres & les maitres n'en sont pas encore aux élémens.

Très bien. Il s'agiroit ensuite de comparer ce Traité avec les maximes & les manoeuvres de M. R.

Page 125.

S'il faut absolument de vrais ennuques, qu'on réduise à cet état les hommes qui deshonorent leur sexe en prenant des emplois qui ne lui conviennent pas.

Au cas que M. R. préside à cette opération, gare les trois quarts & demi de l'espece masculine.

Page 127.

Si quelque homme que ce soit a honte de travailler en public, armé d'une doloire & ceint d'un tablier de peau, je ne vois plus en lui qu'un esclave de l'opinion, prêt à rougir de bien faire, si tôt qu'on se rira des honnêtes gens.

Cet

Cet équipage n'est point risible dans ceux qui apercent leur profession; mais il ne seroit qu'un travestissement bizarre & inutile pour les autres. Turenne & Condé, Colbert & Daguesseau, en auroient-ils mieux valu s'ils avoient passé par cet apprentissage ?

Page 130.
Le Czar Pierre étoit charpentier au chantier, & tambour dans ses propres troupes : pensez-vous que ce Prince ne vous valût pas par la naissance ou par le mérite ?

J'ai déjà anticipé cet exemple dans une de mes Remarques précédentes. Le cas du Czar Pierre est unique, ou peu s'en faut. Jamais ce ne sera celui d'Emile. Il faut avoir une Nation à créer, ou être dans l'Isle de Robinson, pour avoir besoin de ces apprentissages, hors des cas où l'on veut embrasser la profession. Ces situations sont-elles assez fréquentes pour servir de base au plan d'une éducation universelle ?

Page 131.
Je suis d'avis que nous allions toutes les semaines une ou deux fois, au moins, passer la journée entiere chez le maitre.

De toutes les manieres d'apprendre, c'est peut-être là la moins judicieuse. Ce qu'on auroit appris en deux jours de la semaine, s'oublieroit pendant les cinq autres. Il vaudroit mieux ne faire que cela pendant un an plus au moins, jusqu'à ce qu'on le sache bien.

Page 133.

Je connois à ceci (il s'agit des vrais Connoisseurs,) *trois exceptions honorables parmi les hommes, il y en peut avoir davantage ; mais je n'en connois aucune parmi les femmes, & je doute qu'il y en ait.*

Quel Censeur! Quel Juge! Il enchérit sur le mot,

Nul n'aura de l'esprit que nous, & nos amis.

A tout moment il dit sans détour: Nul n'aura de l'esprit, du discernement, le droit de tout apprécier, & de décider de tout, que MOI.

Page 135.

Il faut qu'il travaille en païsan & qu'il pense en Philosophe, pour n'être pas aussi fainéant qu'un sauvage.

Pour exécuter cette réunion, il faudroit être celui qui dit: *Que la chose soit!* & elle est. Encore la sagesse du Tout-puissant ne lui permettroit pas de vouloir allier des choses inalliables.

Page

Page 136.

J'aurai soin - - - de faire une table ou un blanc par semaine, afin de n'être pas tout à fait inutile à tout.

C'est ainsi qu'un sage Gouverneur, un habile Précepteur, s'acquitte de ce qu'il doit à son Eleve & à la Société.

Page 137.

Enfin nous avons réuni l'usage de ses membres à celui de ses facultés. Nous avons fait un être agissant & pensant.

Quand Voiture mettoit à la fin de son Rondeau, *Ma foi, c'est fait :* il avoit raison, & sa besogne étoit finie. Mais M. R. qui nous assure perpétuellement qu'il a pleinement exécuté ses entreprises, n'en a d'autre garant que sa parole, & son éléve imaginaire. En faisant à la page suivante l'énumération des différentes d'esprit, l'Auteur ne craint-il point d'être *celui qui controuve des rapports imaginaires, qui n'ont ni réalité, ni apparence.*

Page 139.

Je vois servir à un enfant de huit ans d'un fromage glacé. Il porte la cueillere à sa bouche, sans savoir ce que c'est, & saisi du froid, s'écrie : Ah! cela me brûle.

Je n'ai jamais vû d'enfant, même de cinq à six ans, à qui il eût été possible de faire

faire cette méprife. Il eft vrai que je n'a jamais vu d'Emiles. Quant à la confé quence de ce prétendu fait, & d'autres plu ordinaires, c'eft que toutes nos erreurs vien nent de nos jugemens, elle eft déjà au nom bre des vérités reconnues.

Page 142.

Il eft de la derniere évidence que les Campagnies favantes de l'Europe ne font que des Ecoles publiques de menfonge; & très furement il y a plus d'erreurs dans l'Académie des Sciences que dans tout un peuple de Hurons.

Que ces Compagnies fe défendent, fi elles le jugent à propos; ou plutôt qu'elles cédent de bon cœur aux Hurons une prérogative dont le privilege leur eft expédié par M R. Celui qui ne fait rien, & n'apprend rien; ne fe trompe point. Il feroit à fouhaiter pour l'Auteur & pour fon fiec' l'ignorance parfaite eût été le partage M. R. au lieu de ces connoiffances fophiftiques qui l'égarent à un point inconcevable. Mais quiconque en diroit autant des Fontenelle, des Reaumur, des Mairan, feroit un franc Huron.

Page 144.

Emile n'est pas un sauvage à réléguer dans les deserts; c'est un sauvage fait pour habiter les Villes.

S'il demeure sauvage, il sera le jouet ou le rebut des Villes; s'il s'apprivoise, ce ne sera plus Emile. Placé au milieu des autres, M. R. veut qu'il vive, *sinon comme eux, au moins avec eux.* Et voilà précisément une contradiction que tout l'art de l'Auteur ne levera jamais. Sauf les abus qui ont des conséquences morales, c'est à dire, les vrais déréglemens, il sera toujours vrai de dire,

Si Romæ fueris, Romano vivito more.

Page 150.

Il (Emile) *ne sçaura ce que c'est qu'un Microscope & un Telescope - - - avant de se servir de ces instrumens, j'entens qu'il les invente, & vous vous doutez bien que cela ne viendra pas si tot.*

Je m'en doute tellement que je crois qu'on pourra appeller l'année de ces inventions, *l'Année merveilleuse.* Tout l'apparat avec lequel on explique ici les phénomenes du bâton brisé, & de la boule entre deux doits, est à mille lieues de ces découvertes.

Page

Page 155. 156.

Il est seul dans la Société humaine ‑‑. Trouvez-vous qu'un enfant ainsi parvenu à sa quinzieme année ait perdu les précédentes ?

Trouvez-vous qu'il les ait fort bien employées ? Quand il seroit tel que vous le dépeignez, il n'y auroit pas lieu de le féliciter de ses progrés. Mais ces progrès ne sont que dans votre imagination.

Page 158.

L'instant de la mort a beau être éloigné de celui de la naissance ; la vie est toujours trop courte, quand cet espece est mal rempli.

Il n'y a d'autre maniere de le bien remplir que de procurer aux facultés de l'ame le dévelopement dont elles sont susceptibles. Il faut donc faciliter ce dévelopement, & le hâter autant qu'on peut le faire sans forcer la nature. Un enfant qui à dix ans faisoit les mêmes réflexions qu'Emile ne fait qu'à quinze, aura plus vécu qu'Emile.

Page 161.

Cette époque où finissent les éducations ordinaires est proprement celle où la vôtre doit commencer.

Il est certain qu'on abandonne la jeunesse trop tôt à elle-même, & dans les circonstances

stances les plus dangereuses. Mais c'est par cette raison même qu'il faut l'élever de bonne heure, & la prémunir contre l'action du tempérament, à laquelle les plus fortes digues n'opposent souvent qu'une résistance insuffisante. Quelle apparence y a-t-il de venir mieux à bout d'un adolescent, lorsqu'on ne s'est occupé pendant toute son enfance qu'à en faire un vigoureux animal ?

Page 162.

Ce que Dieu veut qu'un homme fasse, il ne le lui fait pas dire par un autre homme.

On peut regarder ceci comme un trait lancé contre la Révélation, mais avec fort peu de jugement. Les voyes de Dieu ne sont pas nos voyes ; mais surtout ce ne sont pas celles de M. R. Cet Etre supreme fait ce qui lui plaît ; & ce qui lui plaît, est toujours le meilleur, quoique nous ne puissions pas en découvrir les raisons.

Page 170.

Du besoin d'une Maitresse nait bientôt celui d'un Ami.

M. R. dit des choses excellentes dans ce qui précede sur l'origine & la nature des passions, sur la différence entre l'amour de soi, & l'amour propre, d'où naissent des effets très dissemblables, sur le prix du véritable amour, qui est en effet de toutes

les

les passions la plus naturelle, la plus noble, la plus propre à former l'esprit & le cœur. Mais ce qu'il ajoute ici ne me paroit pas fondé. Un amant plein de sa passion ne s'occupe gueres de l'amitié; & c'est peut-être là le plus grand inconvénient de l'amour. Tant qu'il dure, il suspend toutes les autres liaisons; ce qui les affoiblit toujours, & les détruit fort souvent. Le besoin d'un confident pour les épanchemens de cœur est d'autant moindre que la passion est plus grande. Le raisonnement de M. R. n'est pas juste ici. *Celui qui sent combien il est doux d'être aimé, voudroit l'être de tout le monde.* Ce n'est point là l'amour dans sa vivacité; tout occupé de son objet, il lui suffit d'en être aimé, pour ne plus penser au reste du monde.

Page 175.
Chez des peuples grossiers & ignorans - - - les deux Epoux se donnant mutuellement les prémices de leur personne en sont plus chers l'un à l'autre.

Que l'imagination éveille les sens, c'est une vérité qu'on ne sauroit contester. Mais je crois que l'Auteur en étend la conséquence au delà de ses justes bornes. Dans les climats chauds le physique prévient le moral: la puberté suit la loi des organes,

&

& ceux-ci font déterminés par la température de l'air. Quant aux habitans des campagnes, M. R. paroit se faire une idée trop avantageuse de leur simplicité & de leur innocence. Le grossier païsan a ses desirs & ses stratagemes, dont il ne se vante pas, non plus que la champêtre beauté qui y succombe.

Page 177.

Il y a beaucoup moins de danger à satisfaire la curiosité des enfans qu'à l'exciter.

Faire apprendre de bonne heure aux enfans ce qu'il est impossible de leur cacher toujours, n'est peut-être pas un aussi bon expédient que l'Auteur se l'imagine. De toutes les connoissances ce sont celles qu'ils se hâtent le plus de réduire en pratique; & quelquefois ils deviennent maîtres sans avoir reçu aucune leçon. Les plus habiles sont bien embarrassés à cet égard. La meilleure précaution c'est de ménager l'oreille chaste des enfans, de ne point tenir de propos libres, beaucoup moins faire d'actions indécentes, en leur présence.

Page 178.

Je n'aime point qu'on affecte avec les enfans un langage trop épuré - - - - Les termes grossiers sont sans conséquence.

Nou-

Nouveau trait à obferver dans l'éducation des Emiles, afin qu'ils foyent accomplis de tout point.

Page 179.

Quiconque rougit eſt déjà coupable: la vraye innocence n'a honte de rien.

Sophifme tout pur! Il fe trouvera que cette vraye innocence aura tout fait, & n'aura point fait de mal, parce qu'elle n'a, ni la connoiffance, ni le fentiment qui en eſt l'effet.

Page 181.

En lui parlant ſimplement de tout, on ne lui laiſſe pas foupçonner qu'il reſte rien de plus à dire.

Il eſt impoſſible de tout dire à l'enfant; & dès qu'on lui dit quelque chofe, auſſi fimplement & auſſi groſſierement qu'on le voudra, fon imagination ne lui laiffera point de repos qu'il n'ait découvert le refte. La réponfe burlefque que l'Auteur met ici dans la bouche d'une mere, & propofe comme un chef-d'œuvre du fens le plus exquis, ne peut fatisfaire qu'un enfant auſſi fot que la mere.

Page 192.

Un enfant qui n'eſt pas mal né, & qui a conſervé jusqu'à vint ans fon innocence, eſt à cet âge le plus généreux, le meilleur,

le

le plus aimant, & le plus aimable des hommes.

J'en suis aussi convaincu que M. R. mais cet enfant de vint ans est il faisable, pour m'exprimer ainsi? Et n'avons-nous jamais la satisfaction de voir former, par la voye des bonnes éducations communément reçues, de jeunes gens qui, à vint ans, ont évité les pièges de la corruption, & joignent aux lumieres qu'ils ont acquises de bonne heure, des mœurs qu'on a été encore plus soigneux de leur faire contracter.

Page 193.

Je ne conçois pas que celui qui n'a besoin de rien puisse aimer quelque chose; je ne conçois pas que celui qui n'aime rien, puisse être heureux.

Telle est donc par conséquent la Divinité. Quelles conséquences plus affreuses que celles qui résultent de ces assertions! Un être souverainement parfait ne trouveroit-il pas du plaisir à communiquer ses perfections? N'aimeroit-il pas ceux en qui elles se manifestent? N'auroit-il pas en lui-même la source intarissable du bonheur?

Page 197.

Voyez mon Emile; à l'âge où je l'ai conduit, il n'a ni senti, ni menti.

I   Si

Si l'imagination de M. R. se représente un pareil individu, je doute qu'il puisse y en avoir d'autres à l'unisson de la sienne. Remarquez qu'à la page suivante l'Auteur dit qu'*il a déjà trop comparé d'idées, pour ne rien sentir.* Qu'il faut de peine pour étayer un Système dont toutes les pieces sont incohérentes!

Ibid.

Il ne sçait ce que c'est que mourir.

Par quel art préserveroit-on les enfans, qui appartiennent à une famille pour l'ordinaire nombreuse, de la vue & de la connoissance de la mort, qui enleve si fréquemment ceux qui nous environnent & nous touchent de plus près?

Page 199.

Comment nous laissons-nous émouvoir à la pitié, si ce n'est en nous transportant hors de nous?

Je crois que c'est tout le contraire. La pitié consiste d'abord dans un ébranlement machinal & incommode que nous cause la vue de l'objet qui l'excite; & cet ébranlement est aussitôt suivi d'un retour sur-nous-mêmes. On n'est guères attendri des maux à l'abri desquels on croit être parfaitement. Le jugement réfléchi, la compassion raisonnée, est autre chose : nous n'en parlerons

lerons pas, parce que ce n'est pas d'elle qu'il s'agit ici. Les Maximes qui viennent à la suite de ce passage sont exactement vrayes; la troisième surtout est ce qu'il y a de mieux fondé métaphysiquement & moralement; c'est que *la pitié qu'on a du mal d'autrui ne se mesure pas sur la quantité de ce mal, mais sur le sentiment qu'on prête à ceux qui souffrent.* C'est une idée que j'ai proposée & dévelopée ailleurs, comme également appliquable aux animaux & aux hommes. C'est par la mémoire qui fait sentir à ceux-ci la continuité de leurs maux, c'est par l'imagination qui les étend sur l'avenir, qu'ils sont vrayement & uniquement à plaindre.

Page 208.

Le peuple se montre tel qu'il est, & n'est pas aimable; mais il faut bien que les gens du monde se déguisent: s'ils se montroient tels qu'ils sont, ils feroient horreur.

Quelques lignes plus haut l'Auteur avoit reproché à la plûpart des Philosophes, qu'ils *affectent de faire l'homme trop méchant.* Y en a-t-il cependant aucun qui se soit exprimé plus durement sur le compte de l'humanité que le fait M. R. ici, & partout ailleurs?

Ibid.

Ibid. & page 209.

Même dose de bonheur & de peine dans tous les états ; maxime aussi funeste qu'insoutenable : car, si tous sont heureux également, qu'ai je besoin de m'incommoder pour personne - - quel grossier Sophisme!

Je crains que le Sophisme ne soit dans le raisonnement de M. R. & qu'il n'ait pas de justes idées du système de la compensation, que je crois très réel, bien entendu qu'il n'y a que les honnêtes gens, les hommes éclairés & vertueux, qui puissent profiter du bénéfice de cette compensation. Mais ce Système n'emporte pas que tout homme à chaque moment soit également heureux : ce seroit la plus palpable des absurdités. ~ Le bonheur est le surplus des momens heureux, déduction faite des momens malheureux ; & il n'y a point de situation qui empêche l'homme de bien, lorsqu'il régle ses comptes, de trouver le surplus qui le met en égalité avec celui qui jouït d'une situation beaucoup plus favorable. Ce seroit la matiere d'un Traité complet ; & son importance m'engagera peut-être quelque jour à la traiter *ex professo.* *

Page

---

* Voyez l'*Ebauche* d'un semblable Traité à la fin de ce Volume.

Page 210.

Quand tous les Rois & tous les Philosophes en seroient ôtés, (de la collection des peuples) *il n'y paroîtroit guères, & les choses n'en iroient pas plus mal.*

Il suffiroit d'écarter de cette collection les Philosophes à chimeres, dont l'imagination échauffée ne cherche qu'à dégoûter les hommes de leur état, & ne craint pas même de jetter dans leur esprit des semences de révolte.

Page 216.

Prenons deux jeunes hommes sortans de la premiere éducation, & entrant dans le monde par deux portes directement opposées.

Tout ce qui suit n'est que la pétition de principe dans laquelle l'Auteur donne perpétuellement. Tous les jeunes gens élevés par la méthode ordinaire ne sont que legèreté & fatuité. Emile au contraire est la perfection même; il est devenu tel par la méthode de son Instituteur, & avec cette méthode on fera autant d'Emiles qu'on voudra.

Page 224.

De tous les hommes du monde les Sauvages sont les moins curieux & les moins ennuyés; tout leur est indifférent; ils ne jouissent pas des choses, mais d'eux; ils passent leur vie à ne rien faire, & ne s'ennuyent jamais.

Les retours de tendresse de M. R. pour ses chers Sauvages sont admirables. Ils sont à ses yeux des modeles de perfection & de bonheur. En faut-il davantage pour décréditer toutes ses assertions?

Page 226.

De l'état habituel de l'ame résulte un arrangement de traits que le tems rend ineffaçable. Cependant il n'est pas rare de voir des hommes changer de physionomies à différens âges.

Cela paroit contradictoire. Le fond de l'observation est cependant juste, & j'ai plus d'une fois observé de semblables changemens de physionomie, qui étoient la chose du monde la plus frappante. Par malheur ils arrivent presque toujours en pis; mais ils ne sont pas impossibles en mieux. Tout homme qui a le bonheur de rompre les liens d'une passion fâcheuse & honteuse, change de physionomie à son avantage, tout comme un homme que la maladie ou la disette avoient maigri & pâli, reprend avec l'abondance de l'embompoint & des couleurs.

Page

Page 229.

A force de voir mourir & souffrir, les Prêtres & les Médecins deviennent impitoyables.

Voilà deux classes d'hommes bien odieuses à M. R. Seroit-ce parce que ce sont précisément celles dont les secours lui conviendroient le mieux?

Page 231. 232.

Maitre, peu de discours; mais apprenez à choisir les tems, les lieux, les personnes; puis donnez toutes vos leçons en exemples, & soyez sûr de leur effet.

La maxime est bonne; elle est ancienne. La vue d'un homme que la colere rend furieux, que l'yvresse abrutit, ne peut que détourner fortement de ces vices. Cependant, pour sentir la force de ces exemples, il faut que l'esprit soit préparé par quelques instructions. Il seroit d'ailleurs fâcheux que personne ne pût avoir le don de continence sans avoir vu un hôpital de vérolés. Cette vue rendra prudent, mais non chaste.

Page 240.

Jamais un vrai bienfait ne fit d'ingrat.

M. R. a raison d'attribuer au procédé de plusieurs bienfaiteurs la cause de plusieurs cas d'ingratitude; mais il se trompe fort s'il s'il croit que les vrais bienfaiteurs, les plus généreux, les plus défintéreſſés, n'éprouvent jamais les noirceurs de cet odieux vice. Je crois d'ailleurs qu'il eſt imprudent de s'attacher à diminuer le prix des obligations qu'on peut avoir à un Bienfaiteur quelconque. C'eſt favoriſer un penchant qui n'eſt déja que trop commun à affoiblir la plus belle peut-être des vertus dont le cœur humain ſoit ſuſceptible. Cette manœuvre imprudente revient fréquemment dans les Ecrits de nos Philoſophes modernes.

Page 242 243

Tout le droit de la nature n'eſt qu'une chimere, s'il n'eſt fondé ſur un beſoin naturel au cœur humain.

Je ne ſçai ſi cela eſt exact. Les rélations que les hommes ont entr'eux conſerveroient leur réalité, indépendamment du beſoin. Mais ce beſoin eſt un motif déterminant qui porte les hommes à agir d'une maniere conforme aux rélations naturelles. Les termes de *conſcience* & de *ſentiment* que l'Auteur fait intervenir ici, ont quelque choſe de confus; & cette *force d'une ame expenſive qui identifie l'homme avec ſon ſemblable* tient un peu de l'enthouſiaſme qui domine preſque toujours M. R. Il faut ſeulement remarquer l'aveu qui termine la Note placée

placée au bas de la p. 243. *Le sommaire de toute la Morale est donné dans l'Evangile par celui de la Loi.* N'auroit-il pas falu après cela témoigner plus d'égards, & de respect pour cet Evangile qu'on ne le fait dans la suite de cet Ouvrage?

Page 246. en Note.

L'esprit universel des Loix de tous les païs est de favoriser toujours le fort contre le foible, & celui qui a contre celui qui n'a rien; cet inconvénient est inévitable, & il est sans exception.

Ce peut être l'effet accidentel des Loix, mais ce n'en est, ni l'esprit, ni l'effet naturel & ordinaire. Otez le mut des loix, ou faites-y brêche; les excès & les violences se multiplieront à vue d'oeil. C'est calomnier les Gouvernemens, même les plus imparfaits & les plus défectueux, que de dire, que *les noms spécieux de justice & de subordination, y servent toujours d'instrumens à la violences, & d'armes à l'iniquité.*

Page 248.

Peignez-les leur (les hommes aux jeunes gens) *tels qu'ils sont, non pas afin qu'ils les haïssent, mais afin qu'ils les plaignent, & ne leur veuillent pas ressembler.*

C'est à dire, Faites l'impossible; & c'est à quoi se réduisent presque toujours les

pré-

préceptes de M. R. Il n'est guères praticable de se trouver habituellement au milieu de gens à qui l'on ne voudroit pas ressembler, & de ne sentir aucune aversion pour eux. Il faut sans doute donner à un jeune homme des directions qui l'empêchent d'être, en entrant dans le monde, la dupe du premier affronteur. Mais, à cela près, il vaut mieux pour son repos avoir trop de confiance en ceux avec qui l'on vit que d'être à leur égard dans une défiance perpétuelle. Les hommes ne sont au fonds si à craindre que pour ceux qui mettent leurs passions en mouvement, & se plaisent à des démêlés. La meilleure méthode pour éviter les insultes & les attaques des autres, c'est de ne les jamais offenser. *Qui est-ce qui vous fera du mal*, dit St. Pierre, *si vous êtes les imitateurs de celui qui est bon?* Et si l'on ne peut malgré cela s'empêcher de souffrir quelquefois, c'est *souffrir pour la justice*, & par conséquent *être bienheureux*, comme le déclare le même Apôtre immédiatement après. Tout se trouve dans la Religion, dans la pratique de l'Evangile; vraye éducation, vraye sagesse, vrai bonheur.

Page 259. 260.
L'esprit philosophique a tourné de ce côté

té les réflexions de plusieurs Ecrivains de ce siecle ; mais je doute que la vérité gagne à leur travail. La fureur des sistêmes s'étant emparée d'eux tous, nul ne cherche à voir les choses comme elles sont, mais comme elles s'accordent avec son systême.

Il s'agit de la maniere d'écrire l'Histoire en négligeant l'exactitude des faits, & en s'attachant uniquement aux causes morales des événemens. Le jugement que l'Auteur en porte est très sensé, aussi bien que presque toutes ses réflexions sur l'Histoire. Rien de plus absurde, & en même tems de plus dangereux, que ces ouvrages historiques modernes, où de prétendus philosophes & beaux esprits s'arrogent le droit de narrer les choses comme ils les conçoivent, au hazard, sans guides, sans garants, & surtout comme leur imagination offusquée par les préjugés les leur représente.

Page 266.

Qu'on se figure mon Emile, auquel dix-huit ans de soins assidus n'ont eu pour objet que de conserver un jugement intégre & un cœur sain ; qu'on se le figure au lever de la toile, jettant, pour la premiere fois, les yeux sur la Scene de ce monde ; ou plutôt placé derriere le théatre, voyant les acteurs prendre & poser leurs habits,

&

& comptant les cordes & les poulies dont le grossier prestige abuse les yeux des Spectateurs.

Mais où cet Emile, dont le jugement n'est sain que parce qu'il est en friche, prendra-t-il la capacité nécessaire pour se former une idée distincte d'un spectacle aussi compliqué, & démêler des ressorts qui échapent quelquefois à ceux qui y ont fait la plus longue & la plus forte attention? Un coup de baguette interviendra-t-il pour le rendre observateur judicieux, & juge compétent de ce qu'il voit? C'est ici le cas où rien ne se fait de rien. Son Instituteur dit des choses excellentes sur le monde, sur les hommes; mais cet Instituteur n'est pas Emile, & n'a pas été élevé comme lui.

Page 273.

Un Sauvage nous juge plus sainement que ne fait un Philosophe - - - Mon Emile est ce Sauvage.

M. R. ne perd aucune occasion de renvoyer à l'école des Sauvages, dont le caractère n'est généralement parlant qu'un composé de grossiereté & méchanceté. Il faut avoir bien envie de décrier ceux avec qui l'on vit pour les mettre au dessous de pareils individus.

Page

Page 276.

Il (Emile) *plaint ces misérables Rois esclaves de tout ce qui leur obéit: il plaint ces faux Sages enchaînés à leur vaine réputation; il plaint ces riches, sots martyrs de leur faste - - -*

Fort bien; mais ne peut-il & ne doit-il pas estimer & louer ces Rois fortunés qui font les délices de leurs peuples, ces vrais Sages qui ne travaillent qu'à leur propre perfection & à celle des autres, ces Riches qui se regardent comme les œconomes de Providence destinés par elle au soulagemens des pauvres?

Page 280. dans la Note.

Qand vous le voyez applaudis (les enfans) *dans un acte public au Collège, vous voyez comment on leur fera laisser à vint leur bourse dans un brelan & leur santé dans un mauvais lieu. Il y a toujours à parier que le plus savant de sa Classe deviendra le plus joueur & le plus débauché,*

Seroit-il possible que ces assertions fussent sincères & sérieuses? Ce cas, bien loin d'être perpétuel, est-il fréquent? Les sujets appliqués, & studieux, ne sont-ils pas au contraire ceux qui tournent ordinairement bien à tous égards, tandis que ceux qui se négligent, tombent dans toutes sortes

tes d'écarts? Est-ce là cette grande connoissance des hommes dont M. R. se vante perpétuellement?

Page 282.

Si je recevois un soufflet en remplissant mes fonctions auprès d'Emile, loin de me venger de ce soufflet, j'irois partout m'en vanter, & je doute qu'il y eut dans le monde un homme assez vil pour ne pas m'en respecter davantage.

Le cas ne me paroit pas assez bien déterminé pour qu'on puisse juger, si la conduite de l'Instituteur seroit sensée ou non. Mais ce qui est plus évident, c'est la contradiction où M. R. tombe en supposant que des hommes dont l'esprit est aussi faux, & le cœur aussi gâté, qu'il les représente partout, respecteroient d'avantage l'Instituteur, depuis qu'il auroit été souffleté. Je pense qu'au contraire ils le prendroient pour un idiot, ou un lâche.

Page 284.

S'obstine-t-il après cela, comme il le fera très souvent? Alors ne lui dites plus rien; laissez-le en liberté, suivez-le, imitez-le, & cela gaiment, franchement; livrez-vous, amusez-vous autant que lui, s'il est possible.

Les

Le conseil est délicat; & la sagesse du Gouverneur pourroit faire naufrage avec celle de l'Eléve dans de pareilles circonstances. M. R. répondra que ce danger ne regarde que les Gouverneurs ordinaires; mais il ne sauroit être partout, ou plutôt il a déclaré qu'il ne veut être nulle part.

Page 288.
Rien n'est si vain, si mal entendu, que la Morale par laquelle on termine la plûpart des Fables.

Cette censure pourroit tout au plus regarder la Morale par laquelle les Fables commencent quelquefois, quoique la nécessité de varier les tours l'autorise. Mais, pour la Morale de la fin, elle est très bien entendue, 1 pour déveloper pleinement le sens de la fable à ceux qui pourroient ne l'avoir pas saisi, 2. pour confirmer à ceux qui l'ont découvert, qu'ils ont rencontré juste, 3. surtout pour laisser dans leur mémoire un trait agréablement exprimé qu'ils se rappellent & répétent avec plaisir dans l'occasion. L'idée de donner aux Fables, en particulier à celle de la Fontaine un ordre plus didactique, plus conforme au progrès des sentimens & des lumieres des jeunes gens, seroit peut-être plus profitable, & mérite-
d'être

toit d'être exécutée par une personne intelligente dans une Edition de ces Fables, destinée uniquement à l'usage de la jeunesse.

Page 292.

L'homme est la plus vile des marchandises, & parmi nos importans droits de propriété, celui de la personne est le moins important de tous.

A force de prendre un tour sententieux, on se rend obscur, inintelligible. La précaution après tout n'est pas mauvaise quand on veut injurier ses Lecteurs.

Page 295.

Occupez votre éleve à toutes les bonnes actions qui sont à sa portée; que l'intérêt des indigens soit toujours le sien; qu'il ne les assiste pas seulement de sa bourse, mais de ses soins; qu'il les serve, qu'il les protege, qu'il leur consacre sa personne & son tems; qu'il se fasse leur homme d'affaires: il ne remplira de sa vie un si noble emploi.

Voilà qui est également beau & vrai. L'apprentissage de la bienfaisance ne sauroit tenir trop de place dans la bonne éducation. Quel dommage que M. R. n'ait pas pris une route plus praticable; son esprit & son cœur lui fournissent à tout moment des vues & des conseils qui ne demanderoient

deroient que d'être, pour ainsi dire, calqués sur un fond moins chimérique.

Page 296.

Tels étoient ces illustres Romains - - -

Les objets gagnent à être vûs dans l'éloignement. Si M. R. avoit vécu au milieu de ces Romains, il les auroit trouvé faits comme ses contemporains, & les auroit frondés tout de même. D'ailleurs, d'après l'Histoire même, quelles intrigues, quel manége, quelle corruption, quelle oppression, dans les plus beaux tems de la République!

Page 297. 298. dans la Note.

Sans tant de vains Edits contre les duels, si j'étois Souverain, je répons qu'il n'y auroit jamais ni soufflet, ni démenti donné dans mes Etats, & cela par un moyen fort simple dont les Tribunaux ne se mêleroient pas.

M. R. ne découvre point ce moyen; & il y a dans son Ouvrage divers endroits semblables où il ne fait qu'annoncer des secrets qu'il tient en réserve. Mais ce qu'il a déjà manifesté deux ou trois fois, c'est que, s'il étoit Roi, les choses iroient mieux. Auroit-il donc quelque secrète démangeaison de tâter de ce poste auquel il prodigue partout ses mépris. En cas, il me semble

ble qu'au lieu de le proscrire, il auroit falu contenter son envie, & le faire Monarque au moins pour quelques jours, afin qu'il jugeât comme Sancho dans son Isle.

Page 300.

Je ne me lasse point de le redire: mettez toutes les leçons des jeunes gens plutôt en actions qu'en discours.

Mais quelles actions feront-ils avant que d'avoir été instruits par la voye des discours? Où Cochin avoit-il puisé les talens qui en font le modele des Avocats, sinon dans les connoissances qu'il avoit acquises par la voye des études, & dans l'exercice de l'art oratoire?

Page 306.

J'ai d'abord donné les moyens, & maintenant j'en montre l'effet. Quelles grandes vues je vois s'arranger peu à peu dans sa tête! Quels sentimens sublimes etouffent dans son cœur le germe des petites passions! Quelle netteté de judiciaire!

C'est avec beaucoup de raison que l'Auteur dit à la page suivante: *Depuis long-tems mes Lecteurs me voyent dans le païs des chimeres.* Rien de plus vrai. Quant à ce qu'il ajoute par voye de récrimination; *mais je les vois toujours dans le païs des préjugés,* cela peut être vrai aussi. Il résulte

'sulte de là que les gens sensés tiennent un juste milieu entre la chimere & le préjugé, qu'ils adopteront avec plaisir ce qu'Emile peut avoir de bon, & qu'ils rejetteront soigneusement ce qu'il y a de mauvais dans les éducations ordinaires.

Page 308. 309.

Vous êtes étonné de trouver à l'un des sentimens sublimes dont les autres n'ont pas le moindre germe; mais considérez aussi que ceux-ci sont déjà tous Philosophes & Théologiens, avant qu'Emile sache ce que c'est que Philosophie, & qu'il ait même entendu parler de Dieu.

L'amertume de cette ironie prépare aux écarts qui ont fait mettre à juste titre cet ouvrage au rang de ceux qui répandent la séduction & portent le trouble dans la Société. L'irréligion va mettre le sceau aux rares qualités d'Emile, & couronner la belle œuvre de son éducation.

Page 310.

Je ne me fonde point sur ce que j'ai imaginé, mais sur ce que j'ai vu.

C'est précisément tout le contrraire. Emile est un être purement imaginaire; & jamais on ne le verra que dans l'Ouvrage auquel il sert de titre & de sujet.

Page 311.

L'homme ne commence pas aisément à penser.

L'homme a une disposition prochaine immédiate, perpétuelle, à penser; cette disposition ne demande qu'à percer & à se déveloper; & c'est faire un tort infini à un tel être que de retarder l'exercice de ce qui le caractèrise essentiellement, & fait son vrai bonheur.

Page 315.

Ce mot esprit n'a aucun sens pour quiconque n'a pas philosophé.

Il n'a pas un sens aussi distinct; mais c'est aller trop loin que de dire qu'il n'a aucun sens. En partant de la supposition de l'Auteur, il faudroit dire qu'il n'a eu aucun sens pour les Philosophes mêmes jusqu'à ce qu'on ait exactement déterminé la notion de la spiritualité; & cette détermination est d'une date assez récente. La connoissance & la crainte de Dieu peuvent être produites dans l'esprit des enfans, elles peuvent servir de régle & de motif à leur conduite, sans qu'il soit besoin de leur faire pénétrer les profondeurs de la Métaphysique.

Page

Page 317.

Tout enfant qui croit en Dieu est donc nécessairement idolâtre, ou du moins antromorphite.

Tout enfant, à qui l'on donne de saines idées de la Divinité, est dans le cas des hommes les plus exercés à la réflexion; il ne sauroit s'affranchir entierement des effets de l'imagination qui se mêlent dans nos idées les plus abstraites, parce que l'entendement pur & la raison pure ne sauroient exister dans des êtres dont l'entendement a pour source & pour base les opérations des sens. Mais il n'en résulte, ni idolâtrie, ni anthropomorphisme.

Page 321.

A quinze ans il (Emile) *ne savoit s'il avoit une ame, & peut-être à dix-huit n'est-il pas encore tems qu'il l'apprenne; car s'il l'apprend plutôt qu'il ne le faut, il court risque de ne le savoir jamais.*

Celui qui ne sait s'il a une ame, ne sauroit penser aux prérogatives de cette ame, à sa destination, & aux devoirs qu'il doit remplir rélativement à cette destination. Que de tems perdu dans une vie déjà si courte, dans une vie que Dieu nous demande toute entiere, dans une vie dont les prémices surtout lui sont si agréables! *Souvien-*

viens-toi de ton Créateur aux jours de ta jeunesse. Ce précepte vaut bien mieux que toutes les chimeres de l'Ouvrage que nous réfutons.

Page 322.

Il y a des mysteres qu'il est non seulement impossible à l'homme de concevoir, mais même de croire.

Pour que cela ait lieu, il faut que le cas de la contradiction existe. C'est à M. R. à prouver que ce cas est celui des mysteres du Christianisme, à lire les Ecrits de ceux qui ont démontré le contraire, & à leur opposer, non sa seule autorité, mais des réponses solides.

Page 325.

Vous prétendez que les enfans ont à sept ans cette capacité, (de reconnoitre la Divinité) *& je ne la leur accorde pas à quinze.*

M. R. provoque à l'expérience, & nous y provoquons aussi. Après cela il s'agit moins du degré de cette connoissance que de son effet, & de la nécessité de l'inculquer de bonne heure aux enfans, afin qu'elle jette à tems de profondes racines dans leur esprit & dans leur cœur. L'Auteur suppose qu'on ne peut donner aux enfans que des idées basses & fantastiques de la Divinité,

vinité, qui lui font injurieufes & indignes d'elle; mais cette affertion n'eſt-elle pas démentie par le premier Catéchifme qui tombera fous la main? Peut-on faire entendre trop tôt à un enfant le langage des Cieux qui racontent la gloire de Dieu; peut-on même lui parler trop tôt de ce Sauveur qui doit faire l'objet de fon amour dans le tems & dans l'éternité? Eſt-ce le moyen de le lui faire outrager?

Page 330.
Un enfant doit être élevé dans la Religion de fon pere; on lui prouve toujours très bien que cette Religion, telle qu'elle foit, eſt la feule véritable, que toutes les autres ne font qu'extravagance & abfurdité.

M. R. pourroit-il croire, oferoit-il foutenir, que toutes les doctrines religieufes font égales quant à la crédibilité, que l'Alcoran eſt auffi démontrable que l'Evangile?

Page 331.
Dans quelle religion l'éleverons-nous? La réponfe eſt fort fimple, ce me femble; nous ne l'aggrégerons, ni à celle-ci, ni à celle-là; mais nous le mettrons en état de choifir celle où le meilleur ufage de fa raifon doit le conduire.

Si l'Auteur s'en étoit tenu là, il n'y auroit rien à lui reprocher, ni dans le deſſein, ni dans l'exécution. Mais n'a-t-il pas pris réellement parti, & ne s'eſt-il pas plû à groſſir de la maniere la plus décidée le nombre des adverſaires du Chriſtianiſme? Pourquoi faut-il que les Incrédules ſoyent preſque généralement de mauvaiſe foi!

Page 332.

Je vous dirai ce que penſoit un homme qui valoit mieux que moi.

Toujours des fictions. Pourquoi biaiſer en pareil cas? M. R. n'a pas pu douter qu'on mettroit ſur ſon compte tout ce qui ſe trouve dans ſon Livre? Il faloit donc l'avouer ſans tergiverſation.

REMARQUES
SUR
LE TOME III.

Page 7.

L'oubli de toute religion conduit à l'oubli des devoirs de l'homme.

N'eſt-ce point là le funeſte but auquel vont tendre tous les moyens que l'Auteur employera pour empêcher ſon Emile d'adopter la ſeule Religion, qui propoſe les devoirs

devoirs de l'homme dans toute leur évidence, & qui les appuye des motifs les plus déterminans? M. R. n'a-t-il point craint que le lecture d'Emile ne fut propre qu'à *préparer les mœurs d'un gueux & la morale d'un Athée?*

Page 9.

C'étoit, ce me semble, un spectacle assez touchant, de voir un homme grave devenir le camarade d'un polisson, & la vertu se prêter au ton de la licence, pour en triompher plus sûrement.

Ce n'est ici qu'une répétition de l'éducation d'Emile, appliquée à un sujet qui se trouve, non dans l'état de nature, mais dans l'état de dépravation. L'une & l'autre de ces éducations ont cette conformité, qu'on peut les appeller négatives. La premiere a fait main basse sur les institutions sociales; la seconde va traiter de même les institutions religieuses. Quelles obligations n'ont pas les hommes à celui qui les affranchit généreusement de tant de liens incommodes!

Page 10.

L'homme de paix me parla ainsi.

Nous voici à la PROFESSION DE FOI DU VICAIRE SAVOYARD, morceau unique dans son genre, production que l'Auteur

teur ; sans doute enfantée avec complaisance, & qu'on peut regarder comme le motif déterminant de la composition d'Emile. Il y a longtems que, dans ses Ouvrages précédens, il hésitoit, il marchandoit en quelque sorte, à se dévoiler entierement sur l'article de la Religion. Le pas est enfin franchi; & si l'on peut dire, *Malheur à celui par qui scandale arrive,* on peut aussi ajouter, qu'*il est* quelquefois *bon qu'il arrive des scandales.* Si l'Auteur de ce siecle qui paroit avoir le plus profondément examiné les objections contre le Christianisme, & qui possede en général le mieux l'art de pousser des objections & de les rendre spécieuses, n'a pu aller au delà de ce que renferme la *Profession de foi du Vicaire Savoyard*, on peut féliciter la Religion d'être parfaitement à l'abri de tous les traits qu'on lui lance, infiniment au dessus de toutes les atteintes de son adversaire. Ce seroit une peine fort superflue que de copier ici ce qui a été dit & répété tant de fois de la maniere la plus victorieuse en faveur du Christianisme. Les Ouvrages des Abbadie, des Ditton, des Vernet, des Houtteville, sont entre les mains de tout le monde. D'ailleurs les propres aveux de M. R. suffisent pour sa ré-

réfutation & pour sa condamnation. Nous nous bornerons donc presque uniquement à mettre ces aveux sous les yeux du Lecteur; & nous n'y joindrons que quelques remarques fort succintes sur les endroits les plus frappans, ou les plus inconséquens; ce qui est presque toujours la même chose dans les Ecrits de M. R.

Page 20.

Si je me trompe, c'est de bonne foi; cela suffit pour que mon erreur ne me soit pas imputée à crime.

Ce principe est beaucoup trop vague. Il faut encore examiner si l'erreur qu'on admet, & surtout celle qu'on répand, n'a pas des conséquences dangereuses, ne produit pas des effets pernicieux dans la Société. Dès ce moment elle peut être *imputée à crime.*

Page 22.

Je fus bien plus la victime de mes scrupules que de mon incontinence.

En rapprochant ces mots de ceux qui se trouvent plus haut, page 14. *Au défaut près, qui jadis avoit attiré sa disgrace, & dont il n'étoit pas trop bien corrigé, &c.* on voit que le grave Docteur qui prend ici à tâche de renverser l'édifice de la Religion n'est qu'un vieux pécheur à qui il est tout naturel que cette Religion, qui veut

que

que nous glorifiions également Dieu dans nos corps & dans nos ames, soit désagréable & incommode. Qu'on parte de là, & qu'on voye quel degré de confiance mérite le Vicaire.

Page 25. 27. 28.

Je consultai les Philosophes - - - je les trouvai tous fiers, affirmatifs, dogmatiques - - - - Quand les Philosophes seroient en état de découvrir la vérité, qui d'entr'eux prendroit intérêt à elle? Chacun sçait bien que son Système n'est pas mieux fondé que les autres; mais il le soutient, parce qu'il est à lui. Il n'y en a pas un seul, qui, venant à connoître le vrai & le faux, ne préférât le mensonge qu'il a trouvé à la vérité découverte par un autre? Où est le Philosophe qui, pour sa gloire, ne tromperoit pas volontiers le genre humain? Où est celui qui, dans le secret de son cœur se propose d'autre objet que de se distinguer - - - - L'essentiel est de penser autrement que les autres. Chez le croyant il est athée, chez les athées il seroit croyant.

Que penser de cet entassement de qualifications odieuses, de cette proscription universelle, de cet anatheme lancé contre tous les Philosophes sans exception? M. R. est-il est-il celui qui a le droit de jetter la premiere pierre, parce qu'il est sans péché. Tandis qu'il est de tous les hommes celui, pour qui *l'essentiel* paroît être *de penser autrement que les autres*, comment justifiera-t-il qu'il est le seul qui agisse par des motifs épurés; & de quel droit, lui qui ne fait grace à personne, voudra-t-il être témoin dans sa propre cause?

Page 37.

Si nous étions purement passifs dans l'usage de nos sens, il n'y auroit entr'eux aucune communication; il nous seroit impossible de connoître que le corps que nous touchons, & l'objet que nous voyons soit le même.

Cette communication n'est point naturelle; elle est purement habituelle, & vient de ce que, depuis notre enfance, nous exerçons nos sens de concert. Cela se démontre par l'exemple de ceux qui acquierent un sens dont ils n'avoient pas joui. Ils tâtonnent quelque tems dans la comparaison des impressions, avant que de savoir si elles procédent des mêmes objets.

Page 41.

Je veux mouvoir mon bras & je le meus, sans que ce mouvement ait d'autre cause immédiate que ma volonté. C'est en vain qu'on qu'on voudroit raisonner pour détruire e moi ce sentiment.

La volonté n'est, ni ne sauroit être, la cau*immédiate* du mouvement des organes. L sentiment ne trompe point; mais on s trompe en croyant sentir ce qu'on ne sen pas. En général toute la Philosophie de ce morceau, n'est ni aussi lumineuse, ni aussi convainquante, que l'Auteur le croit. Il y auroit bien des remarques à faire sur ses idées de la nature, du mouvement, du repos, &c. mais cela me méneroit trop loin.

Page 48.

Jamais le jargon de la Métaphysique n'a fait decouvrir une seule vér é, & il a rempli la Philosophie d'absurdités, dont on a honte, sitôt qu'on les dépouille de leurs grands mots.

Il y a une fausse Métaphysique, dont les abus & les inconvéniens ne font que rendre la vraye Métaphysique plus nécessaire & plus respectable. Il faut renoncer à toute certitude, ou en chercher les principes dans les notions de la Métaphysique, notions directrices & les plus universelles de toutes, dans lesquelles toutes les autres vont finalement se résoudre. M. R. lui-même est un Métaphysicien très abstrait; le seroit-il sans le le sçavoir, ou malgré lui ? Mais sa Métaphysique est précisément celle qui prend ici à tâche de décrier.

Page 54.

J'ai lu Nieuwentit avec surprise, & presque avec scandale. Comment cet homme a-t-il pu vouloir faire un Livre des merveilles de la Nature, qui montrent la sagesse de son Auteur ? Son Livre seroit aussi gros que le monde, qu'il n'auroit pas épuisé son sujet.

M. R. prend des scandales aussi aisément qu'il en donne. Où est-ce que Nieuwentit, & tant d'autres qui ont couru la même carriere, ont dit qu'ils vouloient épuiser leur sujet ? Est-ce là une raison de ne pas traiter toute matiere qui est d'ailleurs importante & utile ?

Page 56.

Y a-t-il un Principe unique des choses ? Y en a-t-il deux ou plusieurs, & quelle est leur nature ? Je n'en sais rien, & que m'importe !

Il importe autant de connoître l'unité de Dieu que son existence: on plutôt on n'admet son existence, qu'autant qu'on la restraint à un seul être. De là seulement peuvent naitre le respect & la soumission, l'amour & la confiance.

Page

Page 59.

Ce qu'il y a injurieux à la Divinité n'est pas de n'y point penser, mais d'en mal penser.

Cette question souvent agitée n'a pas été suffisamment déterminée; & ce n'est qu'après les déterminations convenables qu'on peut la décider. Il faut rechercher par quels motifs agit celui qui ne pense pas à Dieu, & quelles sont les causes qui influent sur celui qui en pense mal. Tout cela est susceptible de degrés qui peuvent extrêmement varier.

Page 62.

Le concert règne entre les élémens, & les hommes sont dans le chaos! Les animaux sont heureux, & leur roi est misérable.

Tout dépend ici du point de vue, ou plutôt du spectateur. Celui qui se livre aux impressions de la misantropie trouve tout dérangé & bouleversé. Mais les désordres du monde moral, comme ceux du monde physique, ne sont que passagers & accidentels; une guerre & ses effets passent tout comme une inondation, un tremblement de terre. Pourvu qu'on ait des principes, on se démêle de ces situations, & l'on fournit la carriere d'une vie qui, prise dans sa totalité,

lité, suffit pour remplir les desirs d'un homme sage & raisonnable. M. de Fontenelle, pendant un siècle d'existence, a-t-il jamais tenu ces propos sombres, exhalé ces plaintes ameres? Qui empêchoit M. R. avec des talens propres à le rendre l'émule de ce grand homme, d'être aussi l'émule de son bonheur! Et, s'il m'étoit permis de parler de moi-même, je puis bien assurer qu'indépendamment de plusieurs autres traverses dont ma vie a été remplie, la funeste Guerre au centre de laquelle je me trouve placé depuis plusieurs années, ne m'a jamais causé un moment d'impatience & d'inquietude, beaucoup moins d'aigreur & de murmure.

Page 66. dans la note.

Je ne sais comment l'entendent nos Matérialistes, mais il me semble que les mêmes difficultés qui leur ont fait rejetter la pensée, leur devroient faire aussi rejetter le sentiment.

Je ne sçai si M. R. entend lui-même bien la doctrine des Matérialistes qu'il s'efforce de combattre. Ces Philosophes ne rejettent point la pensée, mais ils la placent dans la matiere; & cela les engage à y placer le sentiment, qui est, pour ainsi dire, l'élément de la pensée. A cet égard là ils

L sont

sont conséquens; & s'ils parvenoient en effet à prouver que la matiere sent, il ne leur resteroit pas grand' chose à faire pour prouver qu'elle pense. Il régne certainement un défaut de clarté & de précision dans tous les raisonnemens métaphysiques du Vicaire.

Page 71.

Elle (la Providence) *ne l'empêche pas* (l'homme) *de le faire* (le mal;) *soit que de la part d'un être si foible le mal soit nul à ses yeux* - - -

Cette supposition ne peut avoir lieu. Elle emporteroit, ou que Dieu perd l'homme de vue & cesse de prendre garde à lui; ou que le mal peut changer de nature, cesser même d'être mal, suivant les êtres dans lesquels il réside. Ces idées ne peuvent s'allier, ni avec la saine Théologie, ni avec la saine Morale.

Page 75.

La douleur a peu de prise sur quiconque, ayant peu réfléchi, n'a, ni souvenir, ni prévoyance.

Le remede est pire que le mal. La réflexion aggrave quelques uns de nos maux, mais elle augmente aussi nos biens. Il s'agit donc de calculer les sommes, & de voir de quel côté se trouvera l'excédent. Ce sera constamment du côté des biens pour le vrai Sage, c'est à dire pour l'homme éclairé & vertueux, surtout pour le Chrétien.

Page 79.

La substance active regagne toute la force qu'elle employoit à mouvoir la substance passive & morte.

Cette idée n'est guères philosophique. Il est impossible de concevoir une ame vrayement immatérielle qui pendant son séjour dans le corps, ait possédé la force proprement dite de le mouvoir.

Page 80.

Je crois que l'ame survit au corps assez pour le maintien de l'ordre ; qui sait si c'est assez pour durer toujours ?

Dès que l'ame échape à la catastrophe qui réduit son domicile en poussiere, quelle raison pourroit-il y avoir, soit en Dieu, soit en elle, de cesser d'exister ?

Ibid. & page 81.

L'identité du moi ne se prolonge que par la mémoire : & pour être le même en effet, il faut que je me souvienne d'avoir été. Or je ne saurois me rappeller aprés ma mort ce que j'ai été durant ma vie, que je ne me rappelle aussi ce que j'ai senti, par conséquent ce que j'ai fait ; & je ne doute point que ce souvenir ne fasse un jour la félicité des bons & le tourment des méchans.

Ces idées sont très justes, & m'ont toujours paru fort intéressantes. Je les ai développées avec assez d'étendue dans mon *Journal Epistolaire*, p. 72. & suiv.

Page 83.

Que m'importe ce que deviendront les méchans? Je prens peu d'intérêt à leur sort.

Dès la page suivante l'Auteur dit: *Le méchant n'est-il pas mon frere?* D'une page à l'autre, d'un instant à l'autre, il est rarement d'accord avec lui-même.

Page 84.

Qu'est-il besoin d'aller chercher l'Enfer dans l'autre vie? Il est dès celle-ci dans le cœur des méchans.

En raisonnant ainsi on détruira le Paradis aussi bien que l'Enfer. Il n'y aura qu'à dire que le Paradis est dans le cœur des gens de bien, & que la Vertu porte avec elle sa récompense.

Page 86.

Quand j'entens dire que mon ame est spirituelle, & que Dieu est un esprit, je m'indigne contre cet avilissement de la nature divine.

Il faut renoncer à parler de la Divinité, on se servir des termes que nous croyons les plus propres à en donner une idée. En se servant de ces termes, le vrai Philosophe écarte les limitations, & les restrictions, qu'on y attache par rapport aux êtres finis. On seroit mieux fondé à dire: Quand je pense que mon ame est spirituelle, & que Dieu est un esprit, je me réjouis de cet annoblissement de la nature humaine.

Page 91.

Trop souvent la raison nous trompe --- mais la conscience ne trompe jamais, elle est le vrai guide de l'homme, elle est à l'ame ce que l'instinct est au corps.

C'est expliquer *obscurum per obscurius*. L'Auteur employe une longue note à prouver que l'instinct est incompréhensible; & il veut qu'il serve à nous faire comprendre la conscience. Pour sortir de ce dédale, il faut ramener la conscience à sa véritable notion; elle n'est autre chose chose que la raison éclairée sur nos devoirs & sur nos intérêts, jugeant de la conformité de nos actions avec ces intérêts & ces devoirs, & nous découvrant les suites avantageuses ou désavantageuses qui en résultent. La conscience, intimément liée avec la Raison, dont elle n'est qu'un dévelopement &

une application, nous trompe quand la Raison nous trompe, & devient un bon guide, quand notre ame suffisament éclairée se détermine conformément à ses lumieres. M. R. definit plus bas, page 99. la conscience, *un principe inné de justice & de vertu, sur lequel, malgré nos propres maximes, nous jugeons nos actions & celles d'autrui, comme bonnes ou mauvaises.* Il faut distinguer; la disposition est *innée*, mais le principe est une chose acquise, il ne se dévelope qu'avec la Raison, & proportionellement à l'état plus ou moins parfait auquel la Raison parvient. Il est vrai que M. R. dit encore page 104. que *sitôt que la Raison fait connoitre le bien à l'homme, la conscience le porte à l'aimer;* mais cela ne l'empêche pas d'ajoûter quelques lignes plus bas, que le *principe immédiat de la conscience est indépendant de la raison même.* Comment une chose qui n'existeroit jamais si une autre ne la précédoit & ne la déterminoit à exister, peut-elle en être censée indépendante? La parfaite simplicité de l'ame détruit tous ces embarras; tout se réduit dans notre ame à l'intuition; nous nous représentons les choses par leurs idées; & nos facultés, raison, conscience, &c. ne sont que des manieres

d'être

d'être de cette intuition. M. R. appellera cela, s'il veut, *l'effrayant appareil de la Philosophie*; nous le préférerons toujours à ces exclamations vagues: *Conscience! conscience! instinct divin! immortelle & celeste voix!*

Page 110.
Si la Divinité n'est pas, il n'y a que le méchant qui raisonne, le bon n'est qu'un insensé.

L'Athéisme ne détruit pas la moralité des actions, ni l'obligation primitive qui en résulte.

Page 116.
Je ne le prie pas: que lui demanderois-je?

Il y a d'autres prieres que celle qui contiennent des demandes; mais, par rapport à celles-ci même, n'y a-t-il donc pas une infinité de graces temporelles & spirituelles que l'on peut & doit journellement demander, en y joignant l'acquiescement dont parle M. R. qui est également fondé sur la Raison & sur la Religion? J'avoue que la plûpart des prieres sont inconsidérées & mal exprimées; mais c'est un abus qui n'empêche pas que l'exercice de la priere ne soit aussi utile qu'indispensable.

Page 119.

Le Théisme, ou la Religion naturelle, que les Chrétiens affectent de confondre avec l'Athéisme ou l'irréligion, qui est la doctrine directement opposée.

Ce ne sont pas les Chrétiens qui confondent ces deux doctrines; ce sont ces prétendus Théistes, qui en portant les plus rudes atteintes aux dogmes fondamentaux de la Religion naturelle, montrent qu'ils ne sont au fond que des Athées déguisés.

Page 121.

Dans l'état où vous êtes, vous gagnerez à penser comme moi.

Ce mot appliqué à tout le public, comme l'Auteur le fait dans la note, signifie qu'il n'existe personne qui professe sincèrement le Christianisme, & qu'ainsi il vaut mieux imiter la sincérité du Vicaire que de persévérer dans cet état de déguisement & de contrainte. C'est aux Chrétiens à répondre, & à repousser cette imputation. Nos Incrédules modernes la ramenent à tout moment; à les en croire, il est impossible qu'un homme qui a des lumieres & du bon sens puisse professer sincèrement le Christianisme. C'est précisément le contraire; les écarts, je ne dis pas de conduite, mais même de raisonnement, des Ennemis de la Religion préserveront toujours un homme judicieux de se ranger de leur côté.

Page 122.

Vous ne voyez dans mon exposé que la Religion naturelle ; il est bien étrange qu'il en faille une autre.

Ici commence cette fameuse Philippique contre le Christianisme qui demanderoit des volumes entiers pour la réfuter, si ces volumes n'existoient pas déjà, & n'alloient fort au delà de tout ce que je pourrois dire ! * Je m'abstiens donc de toute Remarque particuliere sur ce morceau ; & je ne ferai qu'en tirer les endroits où l'Auteur ne peut s'empêcher de donner gloire à la vérité. Voici le plus frappant de tous : comment l'Auteur a-t-il pû le penser & l'écrire sans effacer de ses larmes tout ce qui le précéde ?

Page 165.

Je vous avoue que la majesté des Ecritures m'étonne, la sainteté de l'Evangile parle

---

* Je crois sincérement qu'une *Apologie du Christianisme*, destinée à repondre pied à pied aux objections de M. R. n'est pas rigoureusement parlant nécessaire. Cependant ce travail seroit digne d'un Théologien consommé, ou plutôt il conviendroit encore mieux à une Compagnie entiere de Pasteurs. Bien exécuté, il seroit également honorable pour eux, & utile à l'Eglise.

parle à mon cœur. Voyez les Livres des Philosophes avec toute leur pompe ; qu'ils sont petits près de celui-là ! Se peut-il qu'un livre, à la fois si sublime, & si simple, soit l'ouvrage des hommes ? Se peut-il que celui dont il fait l'histoire, ne soit qu'un homme lui-même ? Est-ce là le ton d'un enthousiaste, ou d'un ambitieux sectaire ? Quelle douceur, quelle pureté dans ses mœurs ! quelle grace touchante dans ses instructions ! quelle élévation dans ses maximes ! quelle profonde sagesse dans ses discours ! quelle présence d'esprit, quelle finesse, & quelle justesse dans ses réponses ! quel empire sur ses passions ! Où est l'homme, où est le sage qui sait agir, souffrir, & mourir sans foiblesse & sans ostentation ! Quand Platon * peint son juste imaginaire couvert de tout l'opprobre du crime, & digne de tout le prix de la vertu, il peint trait pour trait J. Chrst: la ressemblance est si frappante que tous les Peres l'ont sentie, & qu'il n'est pas possible de s'y tromper. Quels préjugés, quel aveuglement, ne faut-il point avoir pour oser comparer le fils de Sophronisque au fils de Marie ? Quelle distance de l'un à l'autre ! Socrate mourant sans douleur, sans ignominie,

sou-

* De Republ. Dial. I.

soutint aisément jusqu'au bout son personnage; & si cette facile mort n'eut honoré sa vie, on douteroit si Socrate, avec tout son esprit, fut autre chose qu'un Sophiste. Il inventa, dit-on, la Morale. D'autres avant lui l'avoient mise en pratique; il ne fit que dire ce qu'ils avoient fait, il ne fit que mettre en leçons leurs exemples. Aristide avoit été juste avant que Socrate eut dit ce que c'étoit que justice; Leonidas étoit mort pour son païs avant que Socrate eut fait un devoir d'aimer sa patrie; Sparte étoit sobre avant que Socrate eut loué la sobriété: avant qu'il eut défini la vertu, la Gréce abondoit en hommes vertueux. Mais où Jesus avoit-il pris chez les siens cette morale élevée & pure, dont lui seul a donné les leçons & l'exemple? * Du sein du plus furieux fanatisme la plus haute sagesse se fit entendre, & la simplicité des plus héroïques vertus honora le plus vil de tous les peuples. La mort de Socrate philosophant avec ses amis, est la plus douce qu'on puisse desirer; celle de Jesus expirant dans les tourmens, injurié, raillé, maudit

de

---

* Voyez dans le discours sur la Montagne le parellele qu'il fait lui-même de la doctrine de Moïse & de la sienne. *Matth.* V, 21. & suiv.

de tout un peuple, est la plus horrible qu'on puisse craindre. Socrate prenant la coupe empoisonnée bénit celui qui la lui présente, & qui pleure; Jesus au milieu d'un supplice affreux prie pour ses bourreaux acharnés. Ouï, si la vie & la mort de Socrate sont d'un Sage, la vie & la mort de Jesus sont d'un Dieu. Dirons-nous que l'histoire de l'Evangile est inventée à plaisir? Mon ami, ce n'est pas ainsi qu'on invente; & les faits de Socrate dont personne ne doute, sont moins attestés que ceux de Jesus Christ. Au fond c'est reculer la difficulté sans la détruire; il seroit plus inconcevable que plusieurs hommes d'accord eussent fabriqué ce Livre, qu'il ne l'est qu'un seul en ait fourni le sujet. Jamais des Auteurs Juifs n'eussent trouvé, ni ce ton, ni cette morale, & l'Evangile a des caracteres de vérité si grands, si frappans, si parfaitement inimitables, que l'inventeur en seroit plus étonnant que le Héros.

Peut-on se réfuter soi-même plus victorieusement, prononcer plus solemnellement sa propre condamnation, que le fait ici M. R.? Comment est-il possible que ces idées se soyent présentées si vivement à son esprit sans faire de profondes impressions fions sur son cœur? On lui reproche perpétuellement qu'il est un dangereux Sophiste: seroit-il possible qu'il fût encore quelque chose de moins, qu'il ne fût qu'un vil Rhéteur, dont les vues & les talens se borneroient à plaider le pour & le contre des causes les plus importantes, sans se mettre en peine de ce qui peut en résulter? Comment peut-il dire par la bouche du Vicaire, *qu'il ne craint pas qu'au jour du jugement il soit puni pour avoir profané dans son cœur les mysteres de la Religion*, tandis qu'il cherche à détruire la Religion même? Comment ose-t-il assurer que *les dogmes n'influent, ni sur les actions, ni sur la morale*, tandis que tous les siecles fournissent de si beaux exemples des vertus Chrêtiennes les plus pures & les plus éclatantes? Ne dit-il pas lui-même page 74. qu'il n'y a rien de meilleur que de *s'attacher à l'esprit de l'Evangile, où le dogme est simple & la morale sublime, où l'on voit peu de pratiques religieuses & beaucoup d'œuvres de charité.* A quoi devoit s'attendre l'Auteur, lorsqu'après avoir livré le plus furieux assaut au Christianisme, il finissoit en disant: *En attendant de plus grandes lumieres, gardons l'ordre public; dans tout païs respectons les loix, ne troublons point le culte qu'elles prescrivent ; ne portons point les Citoyens à la desobéissance ; car nous ne savons point certainement si c'est un bien pour eux de quitter leurs opinions pour d'autres, & nous savons très certainement que c'est un mal de désobeir aux loix.* Ne diroit-on pas que M. R. vit dans un païs où il n'y a ni Religion, ni Loix, & que l'Arrêt par lequel son Ouvrage a été proscrit, est le premier dans ce genre ? Enfin y a-t-il d'ironie plus déplacée, d'insulte plus cruelle, que celle que renferment ces paroles. *Tant qu'il reste quelque bonne croyance parmi les hommes, il ne faut point troubler les ames paisibles, ni allarmer la foi des simples par des difficultés qu'ils ne peuvent résoudre, & qui les inquietent sans les éclairer.* Pour un cœur honnête & bon, la conséquence unique & nécessaire de ce principe auroit été de jetter Emile au feu, d'étouffer ce monstre avant qu'il vît le jour. Mais allons plus loin, & produisons un autre passage qui acheve de mettre l'Auteur dans tout son tort, de rendre son procédé aussi inconcevable qu'inexcusable. Il y attaque avec autant de vivacité que de solidité les Esprits-forts du Siecle ; il leur reproche leurs attentats de la maniere la plus

plus énergique; mais tout ce qu'il dit retombe à plomb sur lui, puisqu'il fait cause commune avec eux dans le point capital, dans les efforts réitérés & pernicieux que ces prétendes Philosophes consacrent à la ruine de la Religion.

Page 181. 187.

Dans le Texte & dans les notes.

Fuyez ceux qui, sous prétexte d'expliquer la Nature, sement dans les cœurs des hommes de désolantes doctrines, & dont le scepticisme apparent est cent fois plus affirmatif & plus dogmatique que le ton décidé de leurs adversaires. Sous le hautain prétexte qu'eux seuls sont éclairés, vrais, de bonne foi, ils nous soumettent impérieusement à leurs décisions trenchantes, & prétendent nous donner pour les vrais principes des choses les systemes inintelligibles qu'ils ont bâtis dans leur imagination. Du reste renversant, détruisant, foulant aux pieds tout ce que les hommes respectent, ils ôtent aux affligér la derniere consolation de leur misere, aux puissans & aux riches le seul frein de leurs passions; ils arrachent du fond des cœurs les remors du crime, l'espoir de la vertu, & se vantent encore d'être les bienfaiteurs du genre humain. Jamais, disent-

disent-ils, la vérité n'est nuisible aux hommes, je le crois comme eux, & c'est à mon avis une grande preuve que ce qu'ils enseignent n'est pas la vérité - - - Un des sophismes les plus familiers au parti philosophiste est d'opposer un peuple supposé de bons Philosophes à un peuple de mauvais Chrétiens; comme si un peuple de vrais Philosophes étoit plus facile à faire qu'un peuple de vrais Chrétiens. Je ne sais si parmi les individus l'un est plus facile à trouver que l'autre; mais je sais bien que, dès qu'il est question de peuples, il en faut supposer qui abuseront de la Philosophie sans Religion, comme les nôtres abusent de la Religion sans Philosophie; & cela me paroit beaucoup changer l'état de la question - - - L'irréligion, & en général l'esprit raisonneur & philosophique, (c'est à dire, celui de la fausse Philosophie,) attache à la vie, effémine, avilit les ames, concentre toutes les passions dans la bassesse de l'intérêt particulier, dans l'abjection du moi humain, & sappe ainsi à petit bruit les vrais fondemens de la Société, car ce que les intérêts particuliers ont de commun est si peu de chose, qu'il ne balancera jamais ce qu'ils ont d'opposé. Si l'Athéisme ne fait pas verser

ser le sang des hommes, c'est moins par amour pour la paix que par indifférence pour le bien; comme que tout aille, peu importe au prétendu Sage, pourvu qu'il reste en repos dans son cabinet. Ses principes ne font pas tuer les hommes, mais ils les empêchent de naître, en détruisant les mœurs qui les multiplient, en les détachant de leur espece, en réduisant toutes leurs affections à un secret égoïsme, aussi funeste à la population qu'à la vertu. L'indifférence philosophique ressemble à la tranquillité de l'Etat sous le despotisme; c'est la tranquillité de la mort : elle est plus destructive que la guerre même. Ainsi le fanatisme, quoique plus funeste dans ses effets immédiats que ce qu'on appelle aujourdhui l'esprit philosophique, l'est beaucoup moins dans ses conséquences. D'ailleurs il est aisé d'étaler de belles maximes dans des Livres: mais la question est de savoir si elles tiennent bien à la doctrine, si elles en découlent nécessairement; & c'est ce qui n'a point paru clair jusqu'ici. Reste à savoir encore, si la Philosophie à son aise & sur le Thrône commanderoit bien à la gloriole, à l'intérêt, à l'ambition, aux petites passions de l'homme, & si elle pratiqueroit cette humanité si douce qu'elle *nous vante la plume à la main. Par les principes la Philosophie ne peut faire aucun bien que la Religion ne fasse encore mieux ; & la Religion en fait beaucoup que la Philosophie ne sauroit faire. Pour la pratique, c'est autre chose ; mais encore faut-il examiner. Nul homme ne suit de tout point sa Religion quand il en a une, cela est vrai ; la plûpart n'en ont guères, & ne suivent point du tout celle qu'ils ont, cela est encore vrai ; mais enfin quelques uns en ont une, la suivent du moins en partie ; & il est indubitable que des motifs de religion les empêchent souvent de mal faire, & obtiennent d'eux des vertus, des actions louables, qui n'auroient point eu lieu sans ces motifs - - - Nos Gouvernemens modernes doivent incontestablement au Christianisme leur plus solide autorité, & leurs révolutions moins fréquentes ; il les a rendus eux-mêmes moins sanguinaires ; cela se prouve par le fait en les comparant aux Gouvernemens anciens. La Religion mieux connue en écartant le fanatisme a donné plus de douceur aux mœurs chrétiennes. Ces changement n'est point l'ouvrage des Lettres, car partout où elles ont brillé, l'humanité n'en a pas été plus respectée ; les cruautés des Athéniens, des*

Egypti-

Egyptiens, des Empereurs de Rome, des Chinois, en font foi. Que d'œuvres de miséricorde font l'ouvrage de l'Evangile! Que de restitutions, de réparations, la Confession ne fait-elle point faire chez les Catholiques! Chez nous combien les approches des tems de Communion n'opèrent-elles point de réconciliations & d'aumônes? Combien le Jubilé des Hébreux ne rendoit-il pas les usurpateurs moins avides! Que de misères ne prévenoit-il pas? La fraternité légale unissoit toute la Nation: on ne voyoit pas un mendiant chés eux, on n'en voit point non plus chés les Turcs, où les fondations pieuses sont innombrables. Ils sont par principe de religion hospitaliers, même envers les ennemis de leur culte.

„Les Mahométans disent, selon Chardin,
„qu'après l'examen qui suivra la résurrection
„universelle, tous les corps iront passer un
„pont appellé *Poul-Sertho*, qui est jetté
„sur le feu éternel, pont qu'on peut appeller,
„disent-ils, le troisieme & dernier examen
„& le vrai jugement final, parce que c'est
„là où se fera la séparation des bons d'avec
„les méchans - - - Les Persans, poursuit
„Chardin, sont fort infatués de ce pont, &

„& lorsque quelcun souffre une injure, dont,
„par aucune voye, ni dans aucun tems; il
„ne peut avoir raison, sa derniere conso-
„lation est de dire: *Eh! bien, par le Dieu
„vivant, tu me le payeras au double au
„dernier jour; tu ne passeras point le
„Poul-Serrho, que tu ne me satisfasses
„auparavant; je m'attacherai au bord de
„ta veste, & je me jetterai à tes jambes.*
„J'ai vu beaucoup de gens éminens, & de
„toutes sortes de professions, qui appré-
„hendant qu'on ne criât ainsi *Haro* sur
„eux au passage de ce pont redontable, solli-
„citoient ceux qui se plaignoient d'eux de
„leur pardonner: cela m'est arrivé cent fois
„à moi-même. Des gens de qualité, qui
„m'avoient fait faire par importunité des
„démarches autrement que je n'eusse voulu,
„m'abordoient au bout de quelque tems,
„qu'ils pensoient que le chagrin en étoit
„passé, & me disoient: *Je te prie, halal
„becon auch fra,* c'est à dire, *rends moi
„cette affaire licite, ou juste.* Quelques
„uns même m'ont fait des présens & rendu
„des services, afin que je leur pardonnasse,
„en déclarant que je le faisois de bon
„cœur; de quoi la cause n'est autre que
„cette créance qu'on ne passera point le pont
„de l'Enfer qu'on n'ait rendu le dernier qua-
„trin

"trin à ceux qu'on a oppressés. Tom. VII.
"p. 50. *in* 12.

Croirai-je que l'idée de ce pont qui répare tant d'iniquités, n'en prévient jamais? Que si l'on ôtoit aux Persans cette idée, en leur persuadant qu'il n'y a ni Poul-Serrho, *ni rien de semblable, où les opprimés soyent vangés de leurs tyrans après la mort, n'est-il pas clair que cela mettroit ceux-ci fort à leur aise, & les délivreroit du soin d'appaiser ces malheureux? Il est donc faux que cette doctrine ne fût pas nuisible; elle ne seroit donc pas la vérité. Philosophe, tes loix morales sont fort belles, mais montre m'en de grace la sanction. Cesse un moment de battre la campagne, & dis-moi nettement ce que tu mets à la place du* Poul-Serrho.

C'est donc ainsi que *l'Anti-Emile* se trouve dans *Emile* même, & que l'Auteur se réfute beaucoup mieux que je ne pourrois le faire. Mais, après cela, comment ne craint-il pas le *Poul-Serrho* pour lui-même? Quel compte n'aura-t-il pas à rendre de l'abus de ses talens?

Page 203.

Songez que, pour conduire un adulte, il faut prendre le contrepied de tout ce que vous avez fait pour conduire un enfant.

M 3

Ne balancez point à l'instruire de ces dangereux mysteres que vous lui avez caché si longtems avec tant de soin.

Quoiqu'en dise M. R. son lecteur n'est que trop fondé à porter de lui le jugement qu'il recuse : *Ce rêveur*, dira-t-on à bon droit, *poursuit toujours sa chimere ; en nous donnant un éleve de sa façon, il ne le forme pas seulement, il le crée, il le tire de son cerveau, & croyant toujours suivre la nature, il s'en écarte à chaque instant.* Ce novice de vint ans, & toutes les façons que son Instituteur fait pour le tirer de son noviciat, tiennent à un système d'éducation dont on a suffisamment vu jusqu'ici la chimere. Ainsi nous ne prendrons pas la peine de suivre les détails où l'Auteur, également emphatique & minucieux, se plaît à nous jetter.

Page 207.

Ne parlez jamais raison aux jeunes gens, même en âge de raison, que vous ne les ayiez premierement mis en état de l'entendre.

Y a-t-il d'autre moyen de mettre quelcun en état d'entendre raison que de lui parler raison ? Et cela ne prouve-t-il pas, quant aux jeunes gens, la nécessité de s'y prendre le plutôt qu'il est possible ?

Page

Page 210.

Si la chasse est jamais un plaisir innocent, si elle est convenable à l'homme, c'est à présent qu'il faut y avoir recours - - - La chasse endurcit le cœur aussi bien que le corps; elle accoutume au sang, à la cruauté.

Sont-ce là les caracteres d'un plaisir bien innocent, ou du moins bien louable? Admirons les progrès de l'éducation d'Emile; Laboureur, Menuisier, Chasseur. Usage incomparable des plus belles années de la vie!

Page 215. dans la Note.

Cette cérémonie du Bucentaure, qui fait tant rire les sots, feroit verser à la populace de Venise tout son sang pour le maintien de son tyrannique Gouvernement.

Pourquoi outrager ainsi d'un trait de plume un Etat ancien, respectable, & qui s'est toujours distingué par la sagesse de son Gouvernement? Quant à toutes les remarques de l'Auteur sur l'utilité des signes & des cérémonies, elles sont vrayes, mais d'une maniere plus restreinte qu'il ne le prétend. Henri IV. avec sa jaquette étoit plus aimé & respecté de ses sujets que le Monarque le plus décoré de tous les ornemens de la Royauté.

M 4   Page

Page 256.

Plus je réfléchis à cette importante crise & à ses causes prochaines ou éloignées, plus je me persuade qu'un solitaire, élevé dans un desert, sans livres, sans instruction, & sans femmes, y mourroit vierge à quelque âge qu'il fût parvenu.

M. R. dit incontestablement d'excellentes choses sur les moyens de prévenir la séduction des exemples, & de modérer la révolte des sens. Mais je crois qu'il se fait illusion sur la force du besoin physique, & sur les effets inévitables qui en résultent, au moins dans certains tempéramens. Une Sophie imaginaire feroit une viande trop creuse pour les Emiles mêmes, s'ils étoient peints bien au naturel. Et n'est-ce pas assez en convenir que de donner à l'Instituteur ce précepte: *Ne le laissez seul ni jour ni nuit; couchez tout au moins dans sa chambre.* Cette précaution suffira-t-elle, comme on le suppose, pour empêcher l'instinct de faire connoître à Emile ce dangereux supplément que M. R. voudroit prévenir, & dont les inconvéniens ont été mis dans tout leur jour par M. Tissot?

Page 261.

Laissons ces expédiens extrêmes, aussi tristes que dangereux.

Il semble que M. R. auroit pu se dispenser de les indiquer, & de les supposer praticables. Mais il se plaît à décrier les éducations ordinaires pour exalter la sienne. Les limites de la condescendance ne doivent jamais être reculées au point de la faire dégénérer en une connivence honteuse.

Page 289. & 291.

On voit bien que ce n'est pas l'Académie des Inscriptions qui a composé celle-là (l'Inscription gravée sur un marbre aux Thermopyles) - - - *Je lui fais entendre* (à Emile) *pour le réjouir le bavardage des Académies; je lui fais remarquer que chacun de ceux qui les composent vaut toujours mieux seul qu'avec le corps; là dessus il tirera de lui même la conséquence de l'utilité de tous ces beaux établissemens.*

Je ne plaiderai point ici la cause des Académies: je ne chercherai point à exténuer leurs défauts & leurs inconvéniens; mais, avec tout cela elles ne laissent pas d'être les dépositaires des Sciences, ou du goût, suivant les objets dont elles s'occupent. S'il n'y avoit point eu d'Académie des Sciences à Paris, non seulement on n'auroit pas l'importante Collection de ses Mémoires, mais on seroit privé de l'abrégé que M' de Fontenelle a fait de ces Mémoires, & qui vaut peut-être encore mieux. Sans l'Académie Françoise, le mauvais goût qui régnoit avant sa fondation subsisteroit au moins en bonne partie. L'émulation, le desir même d'être aggrégé à cet illustre Corps, a influé sur la composition de bien des chefs-d'oeuvre; & qui sait si M. R. lui-même, malgré son dédain apparent, est bien exempt de ce desir?

Page 292.

Figurez-vous d'un côté mon Emile, & de l'autre un polisson de College lisant le quatrieme Livre de l'Eneïde, ou Tibulle, ou le Banquet de Platon : quelle différence !

Concevez en même tems, si vous le pouvez, qu'Emile qui ne savoit rien à vingt ans, vient d'acquérir tout d'un coup, magiquement, & par un coup de baguette, les connoissances nécessaires pour faire ces lectures.

Page 294. 295.

J'ai pensé cent fois avec effroi, que si j'avois le malheur de remplir aujourdhui tel emploi que je pense, en certain païs demain je serois presque inévitablement tyran, concussionaire, destructeur du peuple, nuisible au Prince, ennemi par état de toute humanité, de toute équité, de toute espece de vertu. De même, si j'étois riche, j'aurois fait tout ce qu'il faut pour le devenir; je serois donc insolent & bas, sensible & délicat pour moi seul, impitoyable & dur pour tout le monde, spectateur dédaigneux des miseres de la canaille, &c.

M. R. qui veut tant qu'on croye à la vertu, ne croit guères à la sienne. Quoi ! celui qui entreprend de faire d'Emile le plus sage & le plus vertueux des hommes, n'auroit, ni assez de principes, ni assez de force, pour faire un usage honnête, légitime, salutaire à lui-même, & aux autres, des dignités & des richesses. Mais il ne se décrie ainsi que pour décrier le genre humain. *Jusques-là*, dit-il, *je serois comme tous les autres.* Ainsi donc il n'y a point de gens de bien en place, ni dans l'opulence : il n'y a pas même de maniere licite de s'enrichir. Est-ce là de la Philosophie, de la Satyre, ou de la fureur ?

Page 296.

De cette immense profession de biens qui couvrent la terre, je chercherois ce qui m'est le plus agréable.

Ici commence un plan de vie heureuse dans lequel il y a sans doute quantité de choses bien pensées & exprimées avec cette chaleur que M. R. met dans tout ce qu'il dit. Il y en a pourtant qui ne sont que
des

des singularités, comme d'aller *passer l'été à Naples, respirant un doux zephyr à demi-couché dans les fraîches grottes de Tarente; & l'hyver à Petersbourg, dans l'illumination d'un Palais de glace, hors d'haleine & fatigué des plaisirs du Bal.*

Page 306.

On voit rarement les penseurs se plaire beaucoup au jeu, qui suspend cette habitude, ou la tourne sur d'arides combinaisons.

Le Jeu mérite les plus justes censures dès qu'il sort des bornes que la Morale lui prescrit, & que M. *Barbeyrac* a fort bien déterminées dans son *Traité du Jeu*. Mais, en qualité d'amusement, il remplit innocemment certains vuides de la vie, où il seroit difficile de mettre autre chose à sa place. On ne sauroit toujours penser, toujours travailler, ni même toujours s'entretenir: les saisons ne permettent pas en tout tems la promenade & l'exercice. Un Jeu bien exemt d'interêt & de passion rassemble deux ou trois Amis, les préserve de l'ennui, & délasse l'esprit, qui se remet ensuite avec plus de facilité au travail. Ce que M. de Fontenelle dit du Marquis de Dangeau dans son Eloge, fait voir que les plus forts penseurs peuvent tourner leur esprit

esprit de ce côté-là, & pousser les combinaisons du jeu aussi loin qu'elles peuvent aller, sans que l'aridité de ces combinaisons porte préjudice à l'exercice, même actuel, de leurs autres talens.

Page 307.

Il y a, dit-on, des femmes qui ferment leur porte aux manchettes brodées, & ne reçoivent personne qu'en dentelle; j'irois donc passer ma journée ailleurs; mais, si ces femmes étoient jeunes & jolies, je pourrois quelquefois prendre de la dentelle pour y passer la nuit tout au plus.

Voici donc des combinaisons qui paroissent moins arides au sage Instituteur d'Emile. Peu à peu les Sauvages s'apprivoisent. Que penser encore de ces images, page 309? *Où le moral de l'amour n'est pas, pourquoi faire une si grande affaire du reste? Rien n'est si facile à trouver. Un muletier est là dessus plus près du bonheur qu'un millionaire.* Les plaisirs d'un vieux Satyre, d'un vieux Singe, sont aussi décrits p. 310-313. d'une maniere peu conforme à la décence.

Page 328.

Adieu donc Paris, Ville célébre, Ville de bruit, de fumée, & de boue; où les femmes ne croyent plus à l'honneur, ni

les

les hommes à la vertu. Adieu, Paris, nous cherchons l'amour, le bonheur, l'innocence, nous ne serons jamais assez loin de toi.

Ceci ne ressemble pas mal aux adieux de Damon dans la premiere Satire de Despréaux.

La colere dans l'ame & le feu dans les yeux,
Il distilla sa rage en ces tristes adieux.

REMARQUES
SUR
LE TOME IV.

Page 2.

SOPHIE, OU LA FEMME.

Ce portrait est moins chimérique que celui d'Emile ; mais, si nous voulions nous livrer aux observations de détail, il ne laisseroit pas de nous en fournir beaucoup. Les avenues sont un peu trop libres pour un livre en langue vulgaire, & destiné à des Lecteurs de tout ordre, de tout âge, de tout sexe. Il n'est point vrai *qu'une femme parfaite & un homme parfait*

fait ne doivent pas plus se ressembler d'esprit que de visage. C'est dégrader & avilir le sexe que de dire qu'il doit être passif & foible ; que *la femme est faite pour être subjuguée :* c'est diffamer les femmes que de dire ; *Attendre qu'elles ne se soucient plus des hommes , c'est attendre qu'ils ne soyent plus bons à rien.* Les plaisanteries sur le viol sont indécentes ; & la citation de la Loi du Deutéronome est suivie d'un commentaire profane.

Page 15.

La rigidité des devoirs rélatifs des deux sexes n'est ni ne peut être la même.

Cette Morale relâchée ne peut que mener aux conséquences les plus pernicieuses. Quand même les motifs à la fidélité conjugale ne seroient pas les mêmes pour les deux sexes, le devoir n'en est pas moins étroit de part & d'autre. Le bonheur du mariage, les succès de l'éducation, dépendent de la confiance & de l'attachement réciproque des Epoux. L'infidélité du Mari rompt ces doux liens tout comme celle de la femme.

Page 27.

Les hommes dépendent des femmes par leurs desirs ; les femmes dépendent des hommes & par leurs desirs & par leurs be-

besoins ; *nous subsisterions plutôt sans elles qu'elles sans nous.*

Ouï, dans l'état actuel des choses. Mais l'idée des Amazones n'est pas une pure chimere ; & une Société, un Etat de femmes, pourroit pourvoir à ses besoins tout comme un Etat uniquement composé d'hommes.

Page 34.
Renfermées dans leurs maisons elles bornoient tous leurs soins à leur ménage où à leur famille. Telle est la maniere de vivre que la Nature & la Raison prescrit au sexe.

Cela me paroit outré. Il y a un milieu entre la dissipation & cette clôture exacte. Les meres ont besoin de se délasser de leurs fonctions, tout comme les peres. Les sociétés, les promenades, leur conviennent: c'est à elles seulement à juger du tems qu'elles peuvent leur accorder.

Page 42.
Aprés tout où est la nécessité qu'une fille sache lire & écrire de si bonne heure ? Aura-t-elle si tôt un ménage à gouverner ?

La nécessité git ici principalement dans la flexibilité des organes qui diminue avec les années. Les privileges de l'Arithmétique ne sont pas plus grands que ceux de la lecture

lecture & de l'écriture; mais elle a trouvé grace aux yeux de M. R. parce qu'on peut l'apprendre en mangeant, & *qu'une petite fille qui n'auroit les cerises de son goût que par une opération d'arithmétique sauroit bientôt calculer.*

Page 45.

Dans nos insensés établissemens, la vie de l'honnête femme est un combat perpétuel contre elle-même; il est juste que ce sexe partage la peine des maux qu'il nous a causés.

Quelle infidélité dans les portraits ! Quelle inconséquence dans les raisonnemens ! Que d'humeur & de hauteur ! Un Sage aux yeux duquel tous les autres sont fous, est dans le cas de celui qui voguant avec rapidité sur un fleuve croit que le rivage est mobile.

Page 48.

La premiere & la plus importante qualité d'une femme est la douceur.

C'est une vérité incontestable, & que M. Rousseau met dans un très beau jour. J'ose renvoyer là dessus aux Discours sur la femme forte qui se trouvent dans le Tome I. de mon *Philosophe Chrétien*.

Page 61.

A force d'outrer tous nos devoirs, le Christianisme les rend impraticables & vains.

N

Ce n'est point là le Christianisme: M. R. ne le connoit pas, ou il se plaît à le calomnier. J. C. n'en a point imposé à ses disciples, en leur disant; *Mon joug est aisé & mon fardeau leger.* Les Apôtres répétent fréquemment l'exhortation à *être toujours joyeux.* Un enfant élevé chrétiennement peut & doit jouïr de tous les plaisirs qui conviennent à son âge; ceux qui l'en privent, suivent des principes tout différens de ceux de la Religion.

Page 72.

Si les enfans mâles sont hors d'état de se former aucune véritable idée de Religion, à plus forte raison la même idée est-elle au dessus de la conception des filles: c'est pour cela même que je voudrois en parler à celles-ci de meilleure heure.

La Religion, c'est à dire, les connoissances requises pour régler nos actions & nous conduire au salut, sont également à la portée des deux sexes; on peut & l'on doit les leur proposer dans les mêmes années de la vie; cette semence germe & produit les fruits qu'on a droit d'en espérer, proportionellement au talent de ceux qui enseignent & à la capacité de ceux qui sont enseignés. C'est ce dont sont convaincus tous ceux qui instruisent des Catéchumenes, ou qui examinent

minent leurs progrès. Autant vaudroit dire avec les Musulmans que les femmes n'ont point d'ame, que de s'exprimer comme le fait ici M. R. *Toute fille doit avoir la Religion de sa mere, & toute femme celle de son mari. Quand cette Religion seroit fausse, la docilité qui soumet la mere & la fille à l'ordre de la Nature, efface le péché de l'erreur.*

Page 75.
Je ne sais à quoi nos Catéchismes portent le plus d'être impie ou fanatique, mais je sais bien qu'ils sont nécessairement l'un ou l'autre.

C'est quelque chose d'inconcevable que l'acharnement de l'Auteur contre la Religion, & contre tous les moyens dont on se sert pour la soutenir & la propager. Le moindre Catéchisme vaut mieux que tout ce qu'il a jamais écrit: il peut faire d'honnêtes gens & de bons Chrétiens ; au lieu que les Heloïses & les Emiles ne feront que des insensés & des libertins. Le Dialogue qu'il met ici en guise d'introduction au Catechisme n'est qu'un persiflage; ou, s'il contient quelque chose de bon, il n'y a point de Catéchiste sensé qui ne le dise aux enfans, & ne le dévelope beaucoup mieux.

Page 86. 87.

Qu'une vierge soit la mere de son Créateur - - - cela ne m'intéresse point du tout.

C'est à dire; Que Dieu ait fait des prodiges de charité pour me tirer d'un abyme de misere & de corruption, où j'étois plongé, c'est ce dont je ne m'embarrasse gueres. Je renonce à tout l'ouvrage de la Rédemption; je me sauverai bien sans cela.

Page 89.

Persuadez-leur bien qu'il n'y a rien pour nous d'utile à savoir que ce qui nous apprend à bien faire.

Où apprenons-nous à bien faire si ce n'est dans l'Evangile ? Où trouvons-nous des lumieres & des motifs sinon en J. C. qui nous a laissé un modele, afin que nous suivions ses traces ?

Page 115.

Femmes de Paris & de Londres, pardonnez-le moi, je vous en supplie. Nul séjour n'exclut les miracles, mais pour moi, je n'en connois point; & si une seule d'entre vous a l'ame véritablement honnéte, je n'entens rien à nos institutions.

On a toujours regardé le fameux vers de Boileau,

Il en est jusqu'à trois que je pourrois citer,

non

non seulement comme une licence poëtique, mais comme une exagération grossiere, une impertinence décidée. Que dire donc d'une assertion, philosophique aussi crue que celle de M. R. qui s'étend depuis la couronne jusqu'à la cale, & qui deshonoreroit tout le sexe, si de pareils traits pouvoient porter coup! Les Femmes de Paris & de Londres pardonneront aisément à qui ne peut les offenser. Cependant l'Auteur qui se contredit toujours, & peut-être volontairement, admet bientôt après des *femmes sages*, mais *qui ne font pas sensation*. Ainsi il n'existe pas une seule Femme, dans quelque condition que ce soit, de laquelle on puisse dire qu'elle donne des exemples marqués & frappans de vertu, de sagesse, & de piété. M. R. veut pourtant faire sa paix, ou du moins une sorte d'accord, avec le sexe: voyons comment il eu dicte les conditions: *Qui est ce qui veut être méprisé des femmes ? Personne au monde ; non pas même celui qui ne veut plus les aimer. Et moi, qui leur dis des vérités si dures, croyez-vous que leurs jugemens me soyent indifférens? Non, leurs suffrages me sont plus chers que les vôtres, Lecteurs souvent plus femmes qu'elles. En méprisant leurs mœurs, je veux encore honorer leur justice.*

Peu m'importent qu'elles me haïssent, si je les force à m'estimer. A quelle estime peut prétendre celui qui n'estime rien, & qui voudroit mettre, pour ainsi dire, la Société en pieces, pour la refaire à sa fantaisie?

Page 124.
Il sera toujours grand & beau de régner sur soi, ne fut-ce que pour obéir à des opinions fantastiques.

La chimere ne sauroit s'allier avec la réalité; elle ne sauroit la produire. Si l'empire sur nous-mêmes ne repose que sur de pareils fondemens, il périclitera continuellement. Et voilà précisément le foible des hypotheses de M. R. Il veut ôter aux hommes les fondemens uniques d'une conduite réglée, & d'un bonheur solide, pour y substituer des visions nées dans son cerveau, & qui ne seront jamais praticables. Il n'y a que le Chrêtien qui régne véritablement sur soi; c'est donc dans le Christianisme qu'il faut chercher les moyens d'acquérir cet empire, & les secours nécessaires pour le conserver.

Page 130.
Sophie est bien née.

Il a été aussi aisé à M. R. de donner toutes les perfections à Sophie qu'à Emile; &
il

il n'en a oublié aucune, pas même la gourmandise, dont elle s'est cependant corrigée par des motifs fort supérieurs aux leçons du Catéchisme, la crainte de gâter ses dents & de grossir sa taille. Aussi ses sages parens n'ont-ils point voulu lui parler de la Religion; ils ont laissé à son mari le soin de l'en instruire quand il en seroit tems. Nouvelle fonction dévolue aux jeunes Epoux ! Des idées aussi bizarres sont elles dignes de réfutation !

Page 152-160.

Sophie, vous voilà grande fille - - -

Ce discours est en général vrai & touchant : il exprime bien les dispositions où les peres & meres doivent être en présidant à l'etablissement & au mariage de leurs enfans. Je crois pourtant que M. R. va trop loin, en leur faisant dire ; *La naissance, les biens, le rang, l'opinion, n'entreront pour rien dans nos raisons.* Toutes ces choses doivent entrer dans une semblable délibération ; mais elles n'y doivent entrer que pour ce qu'elles valent. Le plus dangereux préjugé consiste à vouloir se mettre toujours au dessus de tous les préjugés.

Page 170.

Elle voit enfin avec une surprise facile à concevoir que sa fille est la rivale d'Eucharis.

Je

Je ne serois par fort tenté d'épouser une fille qui auroit été amoureuse de Télémaque à en perdre le repos & la raison. Elle auroit beau dire qu'elle est malheureuse, & non pas folle. Je la croirois l'une & l'autre. Tenons-nous en à l'aveu de l'Auteur, qui se rend quelquefois justice à lui-même, parce qu'il sent bien que ses Lecteurs la lui rendront immarquablement. *Je voulois peindre une femme ordinaire, & à force de lui élever l'ame, j'ai troublé sa raison; je me suis égaré moi-même.*

Page 177.

Il y a telle convenance de goût, d'humeurs, de sentimens, de caractéres, qui devroient engager un pere sage, fût-il Monarque, à donner sans balancer à son fils la fille avec laquelle il auroit ces convenances, fût-elle née dans une famille deshonnête, fût-elle la fille du Bourreau.

Oui, moyennant deux cas, ou conditions. Premierement, qu'il n'y eut que deux filles à marier au monde, dont l'une d'un rang égal rendroit son Epoux infailliblement malheureux, au lieu que l'autre auroit toutes les qualités requises pour son bonheur. Mais, si dans tous les états on peut chosir, & qu'un Prince puisse trouver, en se donnant les peines nécessaires pour la réussite

de

de son dessein, une Princesse, ou une personne de naissance, aimable & estimable, je crois que les charmes, même réels, de la fille du Bourreau, ne doivent pas faire impression sur lui. La seconde condition, ce seroit de refondre tous les esprits des contemporains, & de détruire par là toutes les suites inévitables & très fâcheuses d'un semblable mariage. Un homme de bon sens qui voit qu'une démarche, dont il peut après tout se dispenser, l'expose à un mépris général, & que ce mépris réjaillira sur sa postérité, lui attirera d'éternels désagrémens, doit s'abstenir de cette démarche.

Page 184.

La femme du monde la plus honnête sait peut-être le moins ce que c'est qu'honnêteté.

Alors elle n'est honnête que fortuitement, & peut cesser de l'être le moment d'après.

Page 240.

Laissez errer votre imagination sans contrainte sur les transports de deux jeunes Amans, qui, sous les yeux de leurs parens & de leurs guides, se livrent sans trouble à la douce illusion qui les flatte, & dans l'ivresse des desirs, s'avançant lentement vers le terme, entrelacent de
fleurs

fleurs & de guirlandes l'heureux lien qui doit les unir jusqu'au tombeau.

Rien de plus attachant & de plus décent que le récit des amours d'Emile & de Sophie. Si c'est une fiction, elle a tous les caracteres qui peuvent la rendre estimable utile. M. R. est ici l'émule de Fenelon. Que ne l'est-il partout?

Page 281.

On trouve des fruits, des gâteaux, de la créme. La friande Sophie n'est pas insensible à ces attentions.

Le grand ressort de l'éducation tient aussi une place distinguée dans l'art d'aimer.

Page 301.

Que feriez-vous si l'on vous apprenoit que Sophie est morte?

Les moyens que l'Auteur employe pour arriver à ses fins sont toujours marqués au coin de la singularité. Le discours qui suit, & dont le but est d'engager Emile à se séparer de Sophie pour faire un voyage de deux ans, a d'ailleurs de grandes beautés, & renferme de grandes vérités.

Page 332.

DES VOYAGES.

Ce morceau est pensé, comme tout ce qu'écrit M. R. Je ne sais pourtant si cette connoissance des Nations puisée dans les

Pro-

Provinces est aussi intéressante qu'il la représente. Les Loix, la Politique, les usages, les mœurs, ont leur siege, & leur centre, dans les grandes Villes, surtout dans les Capitales. Toutes les conditions, toutes les classes d'hommes, s'y trouvent. L'esprit de la Nation y est sans doute modifié par des causes étrangeres; mais c'est précisément ce qui doit faire l'objet de l'attention d'un voyageur intelligent, que de démêler le fond, de le distinguer d'avec les modifications, de déterminer celles-ci, & d'en découvrir les causes. L'idée que M. R. donne des Capitales se ressent de la teinture sombre que tous les objets prennent dans son imagination, & reçoivent de sa plume. *Pour nous, dit-il pag. 344. à qui la vie civile est nécessaire, & qui ne pouvons plus nous passer de manger des hommes, l'intérêt de chacun de nous est de fréquenter le païs où l'on en trouve le plus. Voilà pourquoi tout afflue à Rome, à Paris, à Londres. C'est toujours dans les Capitales que le sang humain se vend à meilleur marché.* Rien n'échape à cette censure atrabilaire. Donnons-en encore un ou deux échantillons. *Voulez-vous*, dit le Gouverneur à l'éleve, p. 350. *voulez-vous vous engager dans la dépendance des hom-*

hommes que vous méprisez. Voulez-vous établir votre fortune & fixer votre état par des relations civiles, qui vous mettront sans cesse à la discrétion d'autrui, & vous forceront, pour échaper aux fripons, de devenir fripon vous-même. Le métier de la Guerre ne pourra plus être regardé comme le chemin de l'honneur par ceux qui l'envisageront avec les yeux de l'Auteur. *Dans ce métier,* selon lui, *il ne s'agit plus, ni de courage, ni de valeur, si ce n'est peut-être auprès des femmes; au contraire le plus rampant, le plus bas, le plus servile, est toujours le plus honoré. Si vous vous avisez de vouloir faire tout de bon votre métier, vous serez méprisé, haï, chassé, peut-être tout au moins accablé de passedroits, & supplanté par tous vos camarades, pour avoir fait votre service à la tranchée, tandis qu'ils faisoient le leur à la toilette.* Ceci ne peut regarder que les Officiers François; & c'est à eux à se laver de ces reproches.

Page 357.

Le Droit politique est encore à naître ‑ ‑

Ici commence l'abrégé du *Contract Social*, que M. R. a publié presque en même tems à part. Il faudroit aussi un Volume pour examiner & réfuter toutes les as-

ser-

sertions de cette doctrine. Peut-être trouverai-je le loisir d'y travailler: à bon compte je vais me borner pour le présent à quelques observations générales. Comme tout est mal aux yeux de M. R. il s'agit d'une refonte universelle; c'est à dire, d'un bouleversement total. Or il devroit comprendre que la chose est impossible, & qu'en admettant même sa possibilité, elle causeroit des désordres beaucoup plus grands que ceux auxquels il veut remédier. Les principes de M. R. ici comme partout ailleurs, ne tendent qu'à rendre les hommes inquiets & mécontents. Mais il est moins permis de répandre cette doctrine que toute autre, parce que l'inquiétude & le mécontentement dans les sujets, les détourne de leur devoir, & les porte aux révoltes. On entend assez ce qu'il a en vue lorsqu'il s'exprime ainsi: *Nous examinerons si l'on ne peut pas dire que toute maladie vient de Dieu, & s'il s'ensuit pour cela que ce soit un crime d'appeller le Médecin:* on entend, dis-je, assez le sens de ces paroles; mais ne craint-il point qu'on ne l'entende trop, aussi bien que la comparaison des Puissances Souveraines avec celle du bandit qui demande la bourse, le pistolet à la main? Sans faire l'office d'Accusacufateur ou d'Inquifiteur, prions M. R. de dire nettement à quoi fe réduifent fes prétentions. Veut-il mettre en pieces tous les Thrônes, veut-il anéantir toutes les Dominations, pour convoquer les Etats généraux du genre humain, y proclamer une liberté générale & illimitée, & les inviter à en faire enfuite un ufage raifonnable & falutaire. Quand les hommes pourroient fe trouver dans ce cas où ils n'ont jamais été, que feroit cette cohue du genre humain? Quelle délibération tiendroit-elle? Quelle réfolution prendroit-elle? Les trois quarts des hommes, ne fachant ce qui leur convient, flotteroient dans l'incertitude, ou prendroient le plus mauvais parti. Les méchans, profitant de cette anarchie complette, commettroient des défordres & des excès fans nombre. Le réfultat de tout cela feroit qu'on tendroit de nouveau les mains avec empreffement aux liens des Gouvernemens précédens. Il vaut infiniment mieux que les Princes faffent éprouver à leurs fujets quelques effets de leurs foibleffes, quelquefois même de leurs vices, que d'infpirer aux fujets la démangeaifon de juger les Princes & de les tirer en caufe à leur gré. Ce n'étoit pas la peine de débuter par le mépris le plus outrageant pour

l'iml'immortel Grotius, ou plutôt il étoit tout naturel de témoigner ce mépris, dès qu'on vouloit prendre le contrepied de ses principes & de la Raison la plus épurée qui y régne. Tous les Gouvernemens actuels sont ridicules aux yeux de M. R. *Venez, dit-il, examiner ce que les hommes ont bâti, & vous verrez de belles choses!* Tous les Rois devroient descendre du Thrône à sa voix. *Si nous étions Rois, nous ne serions plus bienfaisans; si nous étions Rois & bienfaisans, nous ferions sans le savoir mille maux réels pour un bien apparent que nous croirions faire. Si nous étions Rois & sages, le premier bien que nous voudrions faire à nous-mêmes & aux autres seroit d'abdiquer la Royauté, & de redevenir ce que nous sommes.* Le moyen après cela d'honorer les Rois, puisqu'il n'y en a aucun qui ne garde sa Couronne en dépit du bon sens & du bien public. Le vrai Sceptre est donc entre les mains de M. R mais malheuresement il ressemble beaucoup à une marotte.

Page 409.

C'est en vain qu'on aspire à la liberté sous la sauvegarde des Loix. Des loix! où est-ce qu'il y en a, & où est-ce qu'elles sont respectées.

Exa-

Exagération, déclamation toute pure! Où est l'homme sensé qui ne soit pas content du degré de liberté que les Loix lui laissent, au moins dans le plus grand nombre des Etats de l'Europe?

Page 414.

Un homme bienfaisant satisfait mal son penchant au milieu des Villes où il ne trouve presque à exercer son zèle que pour des intrigans ou des fripons.

Si les honnêtes gens quittoient les Villes, elles cesseroient d'exister, où ne seroient que des repaires de brigands. Il faut donc que les gens de bien restent dans les Villes, & s'y multiplient, pour donner le ton, & pour mettre de concert une digue à la dépravation.

Page 416.

Tant qu'il y aura des hommes de ce siecle, ce n'est pas toi qu'on viendra chercher pour sauver l'Etat.

La derniere leçon donnée à Emile finit par un trait sanglant de Satire, & assortit ainsi à tout le reste.

JE FINIS ici cette suite d'observations, quoique la discussion sur l'art de faire durer les plaisirs du mariage eût pu m'en fournir encore quelques unes. Mais je crois en général en avoir assez dit pour

faire

faire connoître ce fameux Ouvrage. Le bon, l'excellent, s'y trouvent en plusieurs endroits, mais tellement entrelassés avec le mauvais, offusqués par le dangereux, que je ne vois point d'appel légitime à former des jugemens solemnels qui l'ont proscrit. Si Emile avoit été une simple chimere, on auroit pû la laisser confondue parmi tant d'autres qui seront à jamais des monumens de la foiblesse & de la bizarrerie de l'esprit humain. Mais c'est un repertoire de Maximes qui ne vont pas moins qu'à ensévelir les hommes sous les ruines de la Religion & de la Société: c'est un Code d'arrêts flétrissans pour le genre humain, pour tous les états, pour toutes les conditions. Une hauteur insupportable y domine: elle dégénére souvent en menace, & nous avons vu comment les injures y sont continuellement prodiguées. Est-ce donc ainsi qu'on instruit les hommes, qu'on les persuade, qu'on les touche, qu'on les corrige? M. R. veut-il voir des modeles qui anéantissent son Emile, & le rélèguent dans la classe des monstres plutôt que dans celle des prodiges? Je lui en indiquerai deux tout récens; le jeune Duc de Bourgogne, & le jeune Prince de Brunswick, qui ont été enlevés l'un à la France, l'autre à l'Allemagne,

lemagne, mais qui y ont laiſſé un renom immortel, dû aux connoiſſances les plus ſolides, & aux vertus les plus épurées. Qu'on liſe l'Eloge du premier par M. le Franc de Pompignan; & la vie du ſecond par M. l'Abbé Jeruſalem. C'eſt là où l'on apprendra ce qu'une ſage culture peut & doit faire des premieres années de notre vie: c'eſt là où l'on ſentira le prix des moyens dont on eſt à portée de ſe ſervir pour déveloper la Raiſon & graver la Religion dans des ames bien nées. Puiſſent ces moyens prévaloir conſtamment ſur les machinations des Ennemis de notre bonheur préſent & de notre bonheur à venir!

RÉUNION

RÉUNION
DES
PRINCIPAUX MOYENS EMPLOYÉS POUR DÉCOUVRIR L'ORIGINE DU LANGAGE,
DES IDÉES, ET DES CONNOISSANCES
DES HOMMES. *

Il n'est pas surprenant que l'homme soit un objet de curiosité pour l'homme ; il l'est beaucoup plus que cette curiosité ne soit pas plus générale, plus vive, plus ingénieuse & industrieuse à se satisfaire, plus attentive & appliquée à suivre toutes les voyes qui peuvent conduire à ce but. A proprement parler, il n'y a qu'une chose qui nous intéresse, c'est de bien savoir ce que nous sommes. Naitre, vivre & mourir au sein des Sociétés, sur le pied où elles sont à présent, est un état peu propre à favoriser

---

* C'est le Mémoire que j'ai promis ci-dessus, p. 48.

nos recherches & nos découvertes à cet égard. Nous prenons continuellement pour naturel ce qui n'est que factice; & quoique la nature fournisse incontestablement un fonds, une aptitude, une capacité, nous ne saurions déterminer avec précision en quoi cela consiste.

Ici comme partout ailleurs on consulte la raison & l'expérience. Le Philosophe bâtit des Systèmes; il les fonde sur des Observations; il s'efforce de multiplier le nombre de ces Observations, afin qu'elles lui fournissent de nouveaux principes, propres à étendre & à affermir sa théorie. L'Essai de Locke sur l'Entendement, & la Psychologie de Mr. Wolff, contiennent incontestablement des détails, des dévelopemens, qui répandent un grand jour sur les opérations de l'ame, sur la subordination de ses facultés, leur liaison, & la maniere dont elles concourent à se perfectionner réciproquement. Mais tout cela ne nous mene pas bien loin dans la connoissance de l'état originaire, primitif, & purement naturel de l'ame. Que nous recevions toutes nos idées par les sens, ou que l'ame les produise par une force qui lui est propre, à l'occasion des impressions qu'éprouvent nos organes, tout cela est assez indifférent à ceux qui voudroient savoir

voir ce que feroit & ce que feroit une ame qui ne recevroit absolument aucun secours pour l'acquisition des idées, & pour la formation du langage.

Deux Métaphysiciens modernes ont fait de plus grands efforts, & ont tenté une analyse qui leur a paru propre à montrer l'ame dans tous les états dont elle est susceptible, à commencer par les plus simples qu'on puisse concevoir. La supposition d'une Statue qui n'obtient que successivement l'exercice des cinq sens, leur a paru une clé suffisante pour la solution de toutes les questions qu'on peut former sur l'ame. Mr. l'Abbé de Condillac a devancé Mr. Bonnet, au moins par rapport à la publication de son Ouvrage; mais Mr. Bonnet a été beaucoup plus loin que Mr. l'Abbé de Condillac; sa marche est tout autrement analytique; ses définitions sont plus exactes; & surtout la maniere dont un état de l'ame conduit à l'autre, une faculté réduite en acte sert à exciter l'excercice d'une autre, est déterminée avec une précision dont on n'avoit point encore d'exemple. Cependant je suis dans l'idée que tout cela ne nous apprend rien, premierement par rapport à la nature même de l'ame, à sa distinction réelle d'avec le corps, à sa spiritualité, si tant est que, contre l'intention manifeste de ces Philosophes, & surtout de Mr. Bonnet, cela ne favorise pas des conséquence tout opposées, cela n'applaniffe pas les voyes du matérialisme & du simple méchanisme; en second lieu, & c'est l'objet actuel de mes réflexions, cela n'apprend rien non plus quant à l'état primitif de l'ame, à la maniere dont elle acquiert ses premieres idées, & à l'usage qu'elle en feroit, si elle étoit entierement destituée de tout secours. L'homme n'est point une Statue, & ne se trouve jamais dans le cas de la Statue représentée dans ces Ouvrages. Il ouvre tout à la fois, les yeux, les oreilles, les narines; il goûte, il touche en même tems; ces impressions se mêlent & se croisent dès leur origine; elles donnent des résultats tout différens de ceux qu'on tire de l'état d'un être organisé qui commenceroit par flairer, & n'acquerroit l'exercice des sens que l'un après l'autre. Après cela, en laissant passer la supposition, je crois que c'est très gratuitement qu'on fait naître dans l'ame, immédiatement après la premiere sorte de sensation, après quelques actes réitérés de l'odorat, le plaisir, le desir, l'attention, la mémoire. Une ame logée dans un corps tel que le nôtre, tant qu'elle ne

feroit

feroit que fentir une rofe, un œillet, & paffer par les alternatives de ces odeurs fubftituées les unes aux autres, feroit, à ce que je crois, fort éloignée de l'exercice des facultés proprement dites; elle ne fortiroit jamais de l'état de fimple perception; fes repréfentations feroient fort inférieures à celles du limaçon, ou de l'huitre à l'écaille; je les comparerois tout au plus à la fin d'un fonge qui eft fur le point de s'effacer, & de s'abforber dans l'état d'un profond fommeil. Je ne blâme point toutes ces fpéculations; quand elles ne ferviroient qu'à exercer l'efprit, c'eft une utilité réelle, & que par malheur trop peu de Livres font propres à procurer. Mais il faut bien fe garder d'un enthoufiafme, qui feroit croire que ce font des découvertes réelles, ou du moins des découvertes qui nous mettent au fait de ce que nous defirons principalement de favoir fur l'état naturel & primitif de l'ame.

Les Obfervations ne promettent guères plus de fuccés. Ces Obfervations peuvent être phyfiques ou hiftoriques. Les premières puiferoient dans une connoiffance plus exacte de la ftructure intérieure de l'homme, dans l'anatomie du cerveau de fujets de toutes fortes, Patagons & Lapons, Négres & Blancs, jeunes & vieux, sains ou malades, insensés ou raisonnables, affectés par la boisson, l'opium &c. ou dans l'état ordinaire. Je crois que c'est peine perdue que de s'enfoncer dans cette route: les caractères tracés dans le cerveau sont indéchiffrables, la maniere dont l'ame les lit, inexplicable. On rencontreroit plutôt un surcroit d'embarras dans certains faits extraordinaires où les plus étranges lésions du cerveau n'ont pas préjudicié à l'exercice des facultés de l'ame. Ce sont là des mystères, des profondeurs, dont l'esprit humain ne viendra jamais à bout.

Les Observations historiques ne peuvent avoir pour objet que les enfans & les Sauvages. Il est sans doute très-curieux de voir dans les premiers les progrès de la connoissance & du langage, & dans les autres les divers degrés auxquels s'arrêtent les hommes lorsque des secours ultérieurs leur manquent. Mais, quand on aura formé des volumes entiers de faits bien avérés, de remarques les plus judicieuses du monde sur ces faits, qu'est-ce que tout cela nous apprendra, sinon ce que nous savions déjà, que nous sommes ce que la situation où nous naissons, & où nous vivons nous fait. Les enfans trouvés dans les forêts, le sourd & muet de Chartres,

&

& d'autres cas de cette nature, ne nous en difent pas davantage.

Je voudrois favoir ce que feroit l'homme, & furtout ce que feroit un nombre, une troupe d'hommes, & même une fuite de générations, fi ces individus étoient entierement abandonnés à eux-mêmes, au moins autant que la chofe feroit poffible, fans les laiffer périr. Il y auroit, ce me femble, une Expérience à faire, dont je vais donner le projet, ou plutôt l'ébaucher, laiffant à ceux qui le jugeront digne de quelque attention le foin d'y apporter toutes les amplifications, reftrictions, ou autres modifications qu'ils jugeront convenables. Il ne réfultera pas de l'exécution de ce projet un plus grand degré d'évidence fur la nature de l'ame, & fur le comment de fon commerce avec le corps. Mais je fuis bien trompé, ou l'on approcheroit par la voye que je vais indiquer de le folution de queftions, qui me paroiffent encore plus intéreffantes ; ce font celles de l'origine de l'homme, du langage, & des fociétés. Sans parler des Athées qui rapportent tout au hazard, & veulent le faire paffer pour un principe qui fuffit à rendre raifon de tout ce que nous voyons, de l'ordre & de la régularité que nous ad-

admirons dans les ouvrages de la Nature, & dans les productions dues à l'industrie des hommes, il y a des Philosophes religieux qui adoptent la supposition d'un prétendu état de nature qui n'a jamais existé, & qui ne pourroit exister. Des hommes jettés sur la face de la terre sans langage, sans connoissances, demeureroient les plus imparfaits des animaux, on plutôt n'y subsisteroient pas jusqu'à la seconde génération. C'est là dessus que doit rouler toute l'Expérience à laquelle j'invite; & je me persuade que son issue confirmeroit merveilleusement les vérités historiques que l'Ecriture sainte nous enseigne; elle ne nous permettroit pas de douter qu'il faut non seulement que le genre humain ait commencé, mais encore que les premiers hommes, ou le premier homme & le premiere femme, qui ont été la tige de tous les autres, ayent été créés avec l'usage de la parole, aussi bien qu'avec un certain fond de connoissances, dont la raison les a mis en état de tirer tout ce qui étoit nécessaire à leur conservation; après quoi cette même raison a bâti dans la suite le vaste & brillant édifice de toutes les Sciences, portées au point où nous les voyons aujourdhui. Si l'on peut constater que l'homme demeure brute sans ces secours pri-

primitifs, je ne vois pas comment on pourroit refuser sa créance à la Revélation qui nous montre seule d'où l'homme plus qu'animal vient.

J'ai dit que des Philosophes religieux admettent des suppositions qui sont contraires à la these que j'ai dessein d'établir; cela m'engage à faire connoitre l'occasion purement fortuite qui m'a engagée à méditer sur ce sujet, & à vous en entretenir. M. Michaelis, célèbre Professeur de Gœttingue, qui a remporté le Prix de l'Académie en 1759. vient de publier une traduction françoise de sa Dissertation, qu'il a enrichie de divers supplémens. Le plus considérable est celui qui concerne la possibilité d'une Langue savante, ou universelle. Sans toucher à cette question sur lequelle ce Savant dit d'excellentes choses, je ne m'attache qu'à ces paroles incidentes. „Le penchant à associer les „idées aux sons est naturel à l'homme; & si en „naissant nous n'avions pas trouvé une langue „toute préparée, nous n'eussions pas tardé à en „inventer une." De cette these enoncée parement & simplement, comme si elle ne pouvoit souffrir aucune contradiction, resulte un problème dont M. Michaelis voudroit que l'Académie fit une nouvelle Question pour un de ses Prix, sçavoir:

favoir: *Comment le langage peut-il prendre naiffance chez des hommes qui en font dépourvus, & par quel degrés y peut-il parvenir à la perfection où nous le voyons?* Je nie également le principe & la conféquence: je crois que fi des hommes naiffoient fans langage, & avec cela dans les autres circonftances où je vais les repréfenter, & où il faut néceffairement les placer pour déterminer l'état de la queftion, ils n'inventeroient jamais, ni une langue, ni même les chofes les fimples & les plus indifpenfablement néceffaires à leurs befoins ; d'où s'enfuit que la Queftion fur la maniere dont le langage naitroit & fe perfectionneroit n'eft fufceptible d'aucune difcuffion. M. Michaelis, ni moi, ne pouvons faire que raifonner fans nous arroger le droit de décider: & quelque déférence que j'aye pour fes lumieres, je conferve le droit d'oppofer mes raifonnemens aux fiens, en fuivant les régles de cette décence fans laquelle l'étude des lettres deviendroit indigne de l'application des honnêtes gens. M. voudrois qu'une Expérience bien faite, bie fuivie, pouffée jufqu'à la conviction, trenchât le noeud que nous ne faurions dénouer; & c'eft à quoi tend mon Projet. Je ne fache pas qu'il ait encore été tenté ; car je compte pour rien ce

qu'on

qu'on rapporte d'un Roi d'Egypte qui fit nourrir quelques enfans sans leur apprendre à parler jusqu'à ce qu'ils poussassent un premier son articulé, & conclut de ce son, qu'il s'imagina bonnement appartenir à la Langue naturelle, à laquelle des Langues connues, on pouvoit adjuger la prérogative d'être la Langue primitive. Je crois qu'il n'y a d'autre Langue primitive que celle que le premier homme a parlée parce que Dieu la lui avoit apprise. Je le crois, dis-je, fondé sur la réflexion; mais je serois ravi de le croire d'après des faits, qui produisissent une conviction universelle.

Je voudrois qu'un Prince, (car il n'y a que des Princes, ou Magistrats souverains, qui puissent former l'entreprise, & la soutenir dans toute sa durée,) je voudrois dis-je, qu'un Prince fît prendre un certain nombre d'enfans qui naîtroient à peu près dans le même tems, dans la même semaine, dans le même mois, dix par exemple de chaque sexe, & qu'on les confiât à des nourrices qui en eussent tout le soin requis, sous la condition expresse de ne jamais prononcer un seul mot en leur présence. On laisseroit pousser à ces enfans leurs cris naturels de joye ou de douleur, sans y intervenir en aucune manière.

qu'en

qu'en leur donnant ce dont ils auroient besoin. Les nourrices, après les avoir allaités pendant un an, continueroient à leur donner des alimens, à leur apprendre à marcher, à les tenir dans un état de propreté, à les mettre même en état de manger, de s'habiller, & de se suffire à eux-mêmes pour tous les besoins naturels. Il ne s'agiroit pendant tout ce tems là que d'observer rigoureusement la loi du silence. Je pense qu'on ne me contestera pas qu'à trois ans ces enfans ne parleroient point, & n'auroient aucune idée de la parole.

Alors je rassemblerois ces enfans, & je commencerois à les faire vivre ensemble. Ils feroient absolument tout ce qu'ils voudroient, sans aucune gêne, hormis les cas où ils pourroient se blesser imprudemment, ou se maltraiter les uns les autres. Leurs surveillans ne les perdroient point de vue, mais ne leur donneroient aucune instruction, ni direction sur quoi que ce soit. Le lieu où ils seroient renfermés seroit assez spacieux pour qu'ils y pussent courir en liberté, & voir les principaux objets de la Nature. Des prairies, un bois, une riviere, ou du moins un étang, des animaux, ils verroient tout, mais

on

on ne leur diroit rien. On ne sauroit disconvenir que ce ne fut un amusement très-réjouissant, & en même tems très philosophique, que de considérer toutes leurs allures, tontes les démonstrations par lesquelles ils témoigneroient leurs desirs, & en général la maniere dont ils exprimeroient les idées sans doute très confuses qui occuperoient leurs esprits. Il faudroit leur cacher toutes les manœuvres des Arts, & leur laisser ignorer la préparation des alimens qu'on leur fourniroit. Des observateurs intelligens les suiveroient de maniere à dresser un journal exact de tout ce qu'on remarqueroit dans chaque individu. Le tempérament, le naturel, fourniroit des diversités, mais qui ne s'étendroient pas loin en comparaison des effets de l'éducation entée sur ces tempéramens & sur ces naturels.

Après l'enfance viendroient l'adolescence & la jeunesse. On suivroit toujours la même méthode, & l'on verroit alors à quoi les conduiroit la seule passion qu'on puisse supposer en eux; car d'où y viendroient l'ambition, l'avarice, & tout ce qui a pour objet des biens qui leur seroient inconnus? Ils se livreroient sans doute à l'instinct qui sert de principe à la propagation du genre humain. Mais comment le manifesteroientroient-ils, & par quelles avenues parviendroient-ils à l'accompliffement de leurs defirs. Je crois que tout cela offriroit d'étonnantes fingularités, & qu'en général de tels hommes feroient beaucoup plus bêtes que les bêtes. Quoiqu'il en foit, s'il n'y avoit pas de grandes facilités à l'accroiffement de cette République, je ne crois pas qu'il y eût des obftacles infurmontables. Qu'il naiffe donc des enfans dans le fein de cet état naturel; & qu'on voye ce que les Méres en feront. Elles ignoreront ce qui leur arrive lorfqu'elles mettront leur femblable au monde: il faudra, cela va fans dire, les fervir & les foigner. Mais elles ignoreront auffi ce qu'il faut faire de l'enfant nouveau-né; et comme celui-ci n'ira pas chercher de lui-même la mammelle, la mère ne s'avifera probablement pas de la lui donner. Cette obfervation particuliere feroit prefque décifive pour juger fi de pareilles fociétés pourroient fubfifter par elles-mêmes. Et fi elles ne pourroient pas fubfifter, il feroit inutile d'examiner comment le langage y naîtroit & s'y perfectionneroit?

Que ces enfans reçoivent aucune teinture d'éducation, c'eft ce qu'on ne fauroit fuppofer. Peut-être que tout au plus les peres & meres

cérépéteroient à leur égard ce qu'on a fait pour eux en leur apprennant à marcher, à manger, à se nettoyer; mais ce seroit bien le tout, & le *non plus ultrà*. Les années s'écouleroient ensuite, l'âge viril se passeroit dans la même animalité; la vieillesse la termineroit, sans aucun progrès d'idées & de connoissances, & surtout sans aucun dévelopement de la parole. L'usage le plus borné de la parole suppose une convention dont de tels individus me paroissent incapables. Pour parler, il faut vouloir parler; & comment le vouloir, si l'on n'a aucune idée de la parole? Encore une fois l'expérience en décideroit; mais je ne saurois comprendre qu'elle décidât contre mon sentiment.

Les États dans lesquels se feroit cette expérience, pourroient multiplier le nombre des individus, & prolonger celui des générations autant qu'ils le jugeroient à propos; & plus ils le feroient, plus ils procureroient une approximation voisine de la démonstration. Dans le cas de l'exécution du Projet, on pourroit imaginer à tout moment de nouveaux moyens de sonder la capacité de ces enfans de la Nature. On pourroit en transporter des Colonies dans quelque Isle comme celle de Robinson, & se tenir

tenir à portée de voir ce que le besoin, la nécessité d'y subsister, leur suggéreroit. On pourroit, après leur avoir caché d'abord les outils & les manœuvres des Arts, leur en laisser entrevoir quelque chose, pour démêler les idées qu'ils s'en formeroient, le penchant qu'ils auroient à l'imitation, les germes de leur industrie. On pourroit aussi, & l'on ne devroit surtout pas y manquer, prendre de ces individus à tout âge, á dix, à vint, à quarante, à soixante ans, pour les élever, leur apprendre à parler, & les interroger sur ce qui se seroit passé au dedans d'eux avant cette éducation. On sauroit par ce moyen s'ils ont eu des tentations de parler, s'ils ont fait des essais, & à quoi se sont passées les années de leur vie jusqu'alors écoulées quant au dévelopement des facultés de leur ame. Tout cela se réduiroit presque à des privations & à des négations ; mais on apprendroit, chemin faisant, bien des choses sur un semblable état, qu'on ignoré, ou qu'on ne connoit que très imperfaitement. Si au bont d'un tems quelconque, ou parmi un nombre quelconque, on voyoit les vestiges d'une Langue, l'expérience me condamneroit; encore il y auroit un moyen d'en appeller, sans qu'on puisse m'accuser d'opiniatreté. Le voici.

On

On a pu & du remarquer dans toute l'expofition de mon Projet, que j'accorde aux enfans une fuite de fecours dont ils font privés dans l'état purement naturel. On les allaite, on les habille, on les foigne, on pourvoit à leurs befoins; on ne leur refufe que de parler en leur préfence, & de leur laiffer voir les manœuvres des Arts & des métiers. Quand dans cette fituation leur efprit acquerroit quelque dévelopement auquel on ne fe feroit pas attendu, on ne fauroit me nier que je ne les aye confidérablement mis fur la voye. Des enfans expofés en naiffant font auffitôt la proye de la mort: des enfans de 3 ou 4 ans, de 6 ou 7 même, à qui on ne fourniroit plus aucun fecours, ne pourvoiroient pas à leur propre fubfiftance. Ce font pourtant ces créatures ainfi abandonnées, au milieu desquelles il faudroit que le langage s'introduifit & fe perfectionnât, pour que la thefe que je combats acquît quelque probabilité. Plus j'y penfe donc, plus je crois l'etat de pure nature, une vraye chimère, une groffiere abfurdité, une contradiction manifefte; plus je m'affermis dans l'idée que l'Etre fuprème, Auteur de notre exiftence, l'eft auffi de nos premieres idées, &

même

même du pouvoir habituel que nous avons de les exprimer.

Il seroit donc prouvé par la voye que je viens d'expoſer, qu'on examineroit à pure perte le Problème de M. Michaelis; mais en revanche on auroit à peu près réſolu celui que le Citoyen de Geneve a énoncé dans l'endroit de la Préface de ſon Diſcours ſur l'origine & les fondemens de l'inégalité parmi les hommes, où il s'exprime en ces termes. ,,Ce n'eſt pas une legere entrepriſe ,,de démêler ce qu'il y a d'originaire & d'arti-,,ficiel dans la narure actuelle de l'homme, & de ,,bien connoître un état qui n'exiſte plus, qui ,,n'a peut-être jamais exiſté, qui probablement ,,n'exiſtera jamais, & dont il eſt pourtant né-,,ceſſaire d'avoir des notions juſtes pour bien ,,juger de nôtre état préſent. Il faudroit même ,,plus de Philoſophie qu'on ne penſe à celui qui ,,entreprendroit de déterminer exactement les ,,précautions à prendre pour faire à ce ſujet de ,,ſolides Obſervations: & une bonne ſolution du ,,problème ſuivant ne me paroîtroit pas indigne ,,des Ariſtotes & des Plines de nôtre ſiecle: *Quelles* ,,*expériences ſeroient néceſſaires pour parvenir à con-* ,,*noître l'homme naturel? Et quels ſont les moyens* ,,*de faire ces Expériences au ſein de la Société?*

Je

Je ne sais si la Morale, ou la Religion, s'opposeroient à l'exécution du Projet que je viens de proposer. Je le soumets de bon cœur à ceux qui sont pleinement en droit de décider sur ces matieres, ou même, si l'on veut, aux rigueurs de l'Inquisition. Qu'on fasse la chose, si elle est faisable; qu'on ne la fasse pas, si on la trouve sujette à des inconvéniens: cela m'est égal. Ce seroit, dira-t-on peut-être, disposer du sort de Créatures sur lesquelles nous ne pouvons exercer ce droit: ce seroit surtout les priver des connoissances salutaires qui intéressent le bonheur éternel de leur ame. Je voudrois qu'on ne fît pas de plus grands abus du droit qu'on a de régler la destination des hommes. La plûpart de ceux que l'on employe dans le monde, sont bien plus à plaindre, plus en danger pour le corps & pour l'ame, que ne le seroient ces Citoyens de la République naturelle, qui mourroient à peu près dans le cas des Enfans en bas âge. S'il y a des Sauvages qui trafiquent leurs enfans, ou qu'on pût porter à les trafiquer, (car les leur enlever, ce seroit encore une violation du Droit naturel, moindre cependant que bien d'autres qui sont autorisées,) on ne feroit presque aucun tort à ces enfans, en les employant à l'usage en question.

En

En attendant je demeure dans l'idée que le résultat en seroit ce qu'il y a jamais eu de plus instructif, qu'il mettroit fin à bien des controverses stériles, & des vaines déclamations. La Médecine ne perdroit pas non plus son tems à considérer l'etat de santé & les maladies de ces hommes, exempts de la plus dangereuse de toutes les contagions, celle des passions & des vices.

EBAUCHE
DU SYSTÈME
DE
LA COMPENSATION. *

Quelque idée qu'on se fasse de la doctrine de l'Optimisme, il y a nécessairement un sens dans lequel tout est bien. Quand le Monde seroit l'effet de causes aveugles & fortuites, ce qui résulte de ces causes seroit ce qu'elles peuvent arranger & produire de meilleur, soit que des combinaisons nécessaires eussent réglé de toute éternité les choses comme nous les voyons, soit qu'une suite d'essais, de tâtonnemens, de jets successifs, eussent enfin amené la décoration présente de l'Univers. Que pourroit-on prétendre de plus de causes semblables? Elles auroient fait, elles continueroient à faire, tout ce qu'elles peuvent, & pour ainsi dire, doivent faire. La critique seroit déplacée, & la plainte inutile.

Mais

* Voyez ci dessus, p. 132.

Mais l'esprit humain, ou du moins la raison dévelopée jusqu'à un certain point, ne sauroient acquiescer à de pareilles motions, admettre des causes aussi disproportionnées à leurs effets. L'Univers annonce son Auteur; il l'annonce encore plus au vrai Philosophe qu'au vulgaire. Le langage des Cieux est plus intelligible à celui qui a voyagé, pour ainsi dire, dans ces immenses régions qu'au spectateur pour qui le Firmament n'est qu'une voûte brillante. Plus on étudie la Nature, plus on parvient à se convaincre qu'elle est subordonnée à une Cause dont l'intelligence & le pouvoir sont sans bornes. Alors il est bien naturel de se persuader qu'elle n'a pu vouloir & exécuter le grand ouvrage de la Création que pour y mettre l'empreinte la plus lumineuse de ses perfections, qu'étant indépendante rien ne l'a gênée à cet égard, & qu'elle n'a pu en particulier se proposer d'autre but en donnant l'être à des Créatures douées de connoissance & de sentiment, susceptibles de bonheur & de malheur, que de les mettre sur la voye des lumieres les plus pures & des biens les plus solides. L'argument *a priori* m'a toujours paru décisif à cet égard. S'il y a un Dieu, c'est à dire, non un Jupiter, ou telle autre Divinité factice,

factice, mais un Etre souverainement parfait, tout est dans l'état le plus accompli dont il soit susceptible, au plus haut point de perfection qui lui connvient. Les objections les plus spécieuses vont se briser contre ce Rocher; l'homme n'a qu'une chose à faire, c'est de s'appuyer sur lui, & il deviendra inébranlable comme lui. Oseroit-on appeller aveugle la confiance qu'un Etre aussi borné que l'est l'homme, met dans l'Etre infini?

Cette confiance n'empêche pourtant pas qu'on n'ait recours à la voye du raisonnement pour chercher les solutions les plus convenables aux difficultés particulieres qui naissent de divers objets qui frappent plus vivement nos regards, ou qui intéressent plus fortement notre sensibilité que les autres. C'est du dessein & du desir de trouver ces solutions que sont nées plusieurs recherches judicieuses & utiles; c'est ce qui a produit divers Ouvrages auxquels le titre de Théodicée convient plus ou moins, c'est à dire, où les desordres apparens & les maux à certains égards réels qui existent dans l'Univers sont expliqués & conciliés avec les perfections divines. Les principes qui ont été employés dans ces Ouvrages sont trop connus pour que je m'arrête à les retracer ici. Je ne veux infifter que fur une idée qui m'a toujours paru fufceptible d'un dévelopement ultérieur à celui qu'elle a reçu jufqu'à préfent. Pour poufler ce dévelopement jufqu'où il pourroit aller, il faudroit un Traité dans les formes; je n'annonce & ne promets qu'une ébauche; le peu de tems que j'ai eu pour travailler à ce Mémoire, au milieu d'autres occupations indifpenfables, ne m'a pas permis d'aller au delà; & ces bornes accidentelles ne différent peut-être pas au fond des bornes réelles de ma capacité,

La compenfation en général eft ce qui arrive toutes les fois qu'en perdant d'un côté, on gagne de l'autre, & réciproquement, de façon que la plus longue fuite de femblables alternatives n'apporte aucun changement réel à l'état, à la force, aux propriétés des chofes qui y font affujetties. Le coup d'oeil de l'Univers eft bien propre à donner l'idée d'une compenfation phyfique, fur laquelle je ne m'étendrai pas, parce qu'elle ne fait pas l'objet direct & principal de mes réflexions. Tout fe foutient au milieu de variations perpétuelles, de façon que notre Terre & les Corps celeftes, depuis le tems des Obfervations connues, ne paroiffent avoir fubi aucun

cun changement essentiel, & qui en menace la constitution. Je laisse aux Géometres à déterminer quelle est l'efficace des loix de l'équilibre, du principe de la moindre action, ou de telle autre théorie qui sert de base à la connoissance de l'Univers. Je laisse aux Astronomes, à l'immortel Newton, à mesurer les distances, à peser les masses, & à régler le cours des Astres. Je m'en fie à la sagacité de ces grands Génies; mais, sans pouvoir prendre un vol aussi élevé que le leur, je suis aussi assuré qu'eux que le lien & le ciment, pour ainsi dire, de cet immense assemblage de parties, n'est autre chose qu'un commerce, un échange perpétuel, où des forces opposées à d'autres forces, des actions combattues par les réactions, se tiennent en échec, & se balancent de telle sorte que tout demeure à sa place, suit son cours, & qu'il ne se fait pas la moindre fente, la moindre crévasse, au superbe édifice du Créateur. Ainsi, quand je vois les Cometes partir d'un terme inconnu, je ne suis point inquiet de celui auquel elles parviendront, je ne crains point leurs attentats. Puisque ces Astres appartiennent au Système, je ne doute point qu'ils ne soyent assujettis aux mêmes loix, enchaînés par les mêmes forces, qui ont fondé

la

le Système & le soutiennent. Je ne suis pas plus en peine des menaces d'un Telliamed, qui nous présage une aridité totale, une soif mortelle: fort bien funeste assurément pour des animaux tels que nous, qui avons été originairement hôtes des eaux, vrais poissons dont les écailles ne sont pas encore imperceptibles. Aussi loin que ma vue peut porter dans le tems & dans l'étendue, je n'apperçois rien de plus constant que le Monde; & je trouve le principe, le gage, si j'ose m'exprimer ainsi, de cette constance dans son inconstance, qui employe les débris, les fragmens des choses détruites, à en produire de nouvelles, & à leur donner tout l'éclat & toute la vigueur des précédentes. C'est là ce qui préserve non seulement l'Univers de sa ruïne, ce qui empêchera que jamais aucun Sage ne puisse faire parade de sa constance, de maniere à lui mériter cet éloge;

Si fractus illabatur orbis
Impavidum ferient ruinæ.

mais c'est ce qu. dispense la Divinité de toute réparation, de toute nouvelle création de forces; c'est ce qui devoit empêcher Newton d'appeller au secours une main celeste qui corrige & supplée.

La

La folution des Queftions les plus intéreffantes tient à ce principe. La fameufe quérelle des Anciens & des Modernes eft un procès qui ne peut être décidé que par voye d'accommodement. Les Anciens ont eu des prérogatives fur les Modernes; les Modernes en ont fur les Anciens. Il ne s'agit pas de les mettre aux prifes: il faut les placer fur la même ligne. Virgile, & Voltaire, Horace & Boileau, Pindare & Rouffeau, Euripide, Sophocle, Menandre, Ariftophane, Plaute, Terence, Corneille, Racine, Moliere, ont tous été de grands hommes, & d'auffi grands hommes les uns que les autres, pour leur tems, & calcul fait de toutes leurs beautés & de tous leurs défauts.

Il en eft de même en général des fiecles groffiers par rapport aux fiecles éclairés, des contrées fauvages par rapport aux païs policés. La liqueur des deux tonneaux de Jupiter y coule également; & le mélange des deux liqueurs y revient finalement à la même chofe. L'ignorance, la ftupidité, privent les hommes de divers avantages & les exemptent de certains vices: les lumieres, les fciences, les arts, brillent, échauffent, mais excitent, comme le Soleil dans les beaux jours d'Eté, des vapeurs groffieres qui

qui forment des orages & des tempêtes. Les hommes ne gagnent jamais sans perdre, & ne perdent jamais sans gagner. Les fléaux mêmes qui les défolent, les catastrophes qui les font gémir ou les écrafent, ne fervent qu'à décharger un des baſſins de la balance qui penchoit trop, & à le remettre en égalité avec l'autre. Il en est comme des évacuations les plus violentes qui débarraffent le corps, des fievres ardentes qui confument les humeurs peccantes. Compenfation partout. Le champ qui repofe cette année, produira au double l'année prochaine.

Cependant la voix du murmure n'eſt pas étouffée. L'amour propre & l'intérêt ne fe payent pas de fpéculations. Que m'importe que l'Univers gagne ou perde, fubfifte ou périffe, fi je fouffre, fi je m'enfonce dans un limon d'où je ne puis me tirer? Que gagné-je aux victoires qui délivrent ma Patrie, fi je vois confumer mon toit & ma maifon? Ce font des compenfations individuelles qu'il faut pour appaifer tous les plaignans: fans quoi ils ne cefferont d'affiéger le Throne de la Divinité: voyons, fi nous pourrions leur en fournir: & c'eſt, comme je l'ai dit, ce qui m'occupe principalement dans ce difcours.

Mais

Mais, avant que de m'engager dans l'exécution de ce deſſein, je déclare que je ne prétens point répondre aux plaintes injuſtes que l'amour propre ſuggére perpétuellement aux hommes. Ce n'eſt point la faute de la Providence, ſi perſonne n'eſt content de ſa ſituation: il faut uniquement imputer tout ce que les hommes diſent & font à cet égard, à leur caractere inquiet & remuant, encore plus aux paſſions rongeantes dont ils ſont preſque toujours dévorés. La toute-puiſſance divine ſuffiroit à peine pour exaucer les requêtes importunes des Mécontens de cet ordre: mais elles ſont indignes d'être l'objet, ſoit de la ſageſſe, ſoit de la bonté de l'Etre ſuprême.

A plus forte raiſon les maux qu'on s'attire volontairement, & dont le nombre s'etend ſi loin ne ſauroient-ils être imputés à l'Arbitre des évenemens. Quel dédommagement pourroit exiger celui qui diſſipe follement un bien qui ſuffiſoit à ſa ſubſiſtance, qui travaille opiniâtrement à la ruine d'une ſanté de laquelle il pouvoit ſe promettre une vie longue & exempte d'infirmités, qui prend en un mot le contrepied de tout ce qui pouvoit contribuer à ſa tranquillité & à ſon bonheur. Si le méchant

fait

fait une œuvre qui le trompe, s'il n'y a point de paix pour lui, c'est uniquement parce qu'il est aussi méchant, ou même plus, que Dieu n'est bon.

Après avoir ainsi écarté toutes les prétentions injustes, je n'admets point non plus une supposition qui joint à un fond de vérité des exceptions trop fortes & trop nombreuses pour devenir un principe, & acquérir force de loi. C'est celle de l'égalité des conditions, que des Poëtes célébres ont chantée en fort beaux vers, mais n'ont pas prouvée par des argumens fort solides. Ce fond de vérité dont je ne disconviens pas, c'est que les conditions les plus brillantes, & vulgairement réputées les plus heureuses, ont leurs désagrémens, leurs épines, qu'il se mêle des jours nubileux aux jours les plus serains, & après tout cela revient à dire qu'il n'y a point de bonheur parfait ici bas, notion fondée sur l'expérience la plus invariable. D'un autre côté, les revers, les disgraces, les calamités les plus accablantes, ont certains adoucissemens, certaines ressources, qui en diminuent l'amertume & en allégent le poids. Je reconnois que les choses se passent assez généralement ainsi; mais je me garde bien d'étendre cette supposition

&

& son efficace aussi loin qu'on voudroit le faire. Il y a des vies agréables & douces où l'on jouit d'un bien honnête, d'une santé ferme, de la considération publique, & de plusieurs autres avantages qui font un sort vrayement digne d'envie, tandis qu'il y a d'autres vies où les humiliations, l'indigence, les douleurs, l'opprobre, font un vrai tissu de souffrances. Certains états ont des prérogatives réelles; & d'autres des détrimens qui ne sont pas moins réels. C'est une pure déclamation de dire qu'un Roi est aussi à plaindre qu'un forçat, un Crésus qu'un Irus; ce seroit une folie de le soutenir sérieusement. Je renonce donc à la défense de ce genre de compensation; & si j'étois appellé à opter entre des états aussi dissemblables, je ne donnerois pas dans la chimere de croire cette option indifférente, & de la remettre au hazard.

Enfin, pour n'omettre aucune de déterminations requises dans tous les cas où l'on veut énoncer une these avec netteté, je ne regarde pas la compensation morale que j'ai en vue, comme se faisant au jour la journée, & d'un instant à l'autre: il suffit qu'elle soit totale & finale, pour justifier les voyes de Dieu, & bannir de nos cœurs toute défiance. Les hommes ressemblent assez à un jeune garçon dont je ne puis m'empêcher de rapporter ce trait dont j'ai été témoin. On lui avoit dit de mettre de l'argent à la boëte des pauvres en sortant de l'Eglise; & on l'assura que, suivant la formule prononcée par l'Ancien qui le reçoit, Dieu le lui rendroit. Il le fit; mais, avant la fin du jour, il se plaignoit que Dieu ne lui avoit encore rien rendu. Voilà, sinon comme parlent, au moins comme pensent souvent tous ceux qui se croyent lésés par la Providence: ils voudroient que la perte fût aussitôt réparée que soufferte; les délais les impatientent, & les jettent dans toutes sortes de faux raisonnemens. De cette maniere, & s'ils n'étendent pas leurs vues plus loin, ils ne trouveront point d'issue. Les plus saints hommes ont été quelquefois dans cette perplexité; & il suffit de renvoyer là dessus au Pseaume LXXIII. Où est donc l'accord, le contract fait avec la Divinité, par lequel elle s'est engagée à nous accorder une suite non interrompue de biens, sans aucun mélange de maux, ou bien, à faire succeder immédiatement à chaque mal un bien qui ait, dans la proportion la plus exacte, la valeur requise pour tenir

tenir lieu de dédommagement? La Raison & la Religion n'ont rien qui favorise ces idées; tout ce qu'elles déclarent de concert, ou du moins tout ce qu'on peut déduire par des conséquences légitimes des principes qu'elles nous fournissent, c'est qu'il n'y a rien à risquer, si j'ose ainsi m'exprimer, & à perdre avec Dieu; que pourvu que l'homme ne se manque pas volontairement à lui-même, son Créateur ne lui manquera pas, & que par un dernier arrêté de compte toutes les justes prétentions seront liquidées de la maniere la plus satisfaisante par les intéressés.

Si je voulois m'en tenir à la Réligion seule, tout seroit décidé, & je finirois ce Discours, comme on finit les Sermons, par la vie éternelle, qui, telle que la Révélation nous la dépeint, & la promet à ceux qui rempliront les conditions nécessaires pour l'obtenir, est non seulement un dedommagement, mais une grace, un don, une effusion de toutes sortes de biens, dont le nombre, le prix, la durée, l'emporteront infiniment sur tous les sacrifices auxquels nous pouvons être appellés ici bas. Quiconque admet la certitude de cette compensation, & n'en est pas content, en est assurément indigne.

Mais

Mais, indépendamment de la Révélation, & philosophiquement parlant, il y a une Religion naturelle dont les dogmes ont une évidence propre à convaincre & à déterminer ceux qui ne se livrent pas volontairement aux sophismes de l'impiété. Ces dogmes se réduisent à quatre principaux, l'existence de Dieu, la Providence, l'immortalité de l'ame, & la vie à venir. Ces principes suffisent pour mettre au moins sur la voye de la compensation ceux qui seroient tentés de se plaindre des arrangemens actuels, & de croire qu'il leur est échu une dose de malheur qu'ils n'ont pas méritée. Il ne s'agit plus que de les aider dans la recherche de cette compensation, dont je détermine & restrains la nature en ces termes, qui font l'énoncé que j'avois promis, l'objet de ce Mémoire, & la base du système que j'y établis, ou que j'établirois dans une Traité complet sur cette matiere, si j'en composois un. *Tout homme éclairé & vertueux, qui se fera de justes idées de la compensation à laquelle il peut aspirer, & qui employera les moyens convenables pour y parvenir, peut se promettre une réussite infaillible & complette.* Il ne s'agit plus que de décomposer cette assertion, & d'en justifier chaque membre.

Je

Je n'accorde dabord le privilege de la compensation qu'à un homme éclairé & vertueux; &, comme je ne fais pas intervenir la force prépondérante de la Religion, je n'entens par là que les lumieres & les vertus dont le bon usage de nos facultés peut nous procurer l'acquisition. Un Socrate, un Aristide, ont pu & du être à portée de se dédommager de tous les maux, de toutes les injustices auxquelles ils ont été exposés; & il paroit qu'en effet ils ont été beaucoup plus heureux que leurs accusateurs & leurs oppresseurs, ou plutôt qu'ils étoient seuls véritablement heureux; tandis que leurs lâches & vils Ennemis étoient tourmentés par les Furies, & se rendoient les objets de l'exécration publique. La réunion des lumieres & des vertus est indispensablement nécessaire ici; il faut les premieres pour se faire de justes idées des choses, apprécier les vrais biens & les vrais maux; il faut les secondes pour se rendre témoignage à soi-même qu'on n'est pas l'artisan de sa propre misere, qu'on ne porte pas la peine due à ses crimes. Celui qui n'a point de lumieres ressembleroit à un homme qui, ayant perdu un joyau, ne verroit pas où il est tombé, & ne pourroit le retrouver: celui qui manque de vertus peut être comparé à un homme qui verroit que ce joyau est tombé dans un endroit profond & de difficile accès, mais n'auroit pas l'agilité ou la force nécessaire pour aller le reprendre. Or voilà malheureusement le double cas où se trouvent presque tous les hommes ; d'où s'ensuit que, dès les premieres avenues de la compensation, l'accès s'en trouve bouché, non par la volonté, & si j'ose ainsi dire, par le faute de Dieu, qui se tient au contraire toujours prêt à fournir ce qu'on a droit d'exiger, mais parce que les hommes négligent de se mettre dans les dispositions & de faire les demarches essentiellement nécessaires à ce but. Donc, & par une conséquence immédiate, point de compensation pour l'ignorance, c'est à dire, l'ignorance volontaire, & bien moins encore pour le vice : tout est à pure perte dans cette état ; un abyme ne manque jamais d'y appeller un autre abyme. Donc encore, & par une conséquence non moins évidente, toutes les compensations sont proportionelles, & en vertu du principe des indiscernables, varient individuellement & à l'infini. Suivant l'étendue des lumieres & le degré des vertus, on découvre & l'on obtient les avantages

qui

qui compensent plus ou moins les dommages endurés. Il en est ici comme dans les effets du mouvement; si l'elasticité étoit parfaite, il n'y auroit aucun effet nuisible, l'angle de réflexion seroit parfaitement égal à celui d'incidence, aucun mobile ne s'amortiroit, & ne perdroit même de sa force motrice. Mais c'est ce qui n'a jamais lieu dans cette précision, les corps élastiques ayant toujours un degré de dureté ou de mollesse. L'homme de même ne rétablit jamais l'équilibre parfait entre les biens & les maux, parce qu'il y a toujours quelque chose de défectueux en lui, tant du côté des lumieres que de celui des vertus. Les Socrates & les Aristides eux-mêmes sont bien éloignés d'être infaillibles & impeccables; qu'on juge après cela des autres.

Cela posé, l'homme dont nous parlons met la main à l'œuvre; il n'a garde d'attendre que les compensations se présentent d'elles-mêmes, de demeurer les bras croisés, & de confier son bien-être & son mal-être à des causes purement fortuites. Employons ici l'exemple de l'Agriculture. Le champ du paresseux ne produit rien; il n'y croit que des ronces & des épines,

épines. Mais le Laboureur qui cultive son champ, espere en semant de moissonner; & cette moisson est la compensation, & du prix de la semence, & de celui de ses travaux. Mais voici ce qui acheve de rendre cet exemple parfaitement appliquable à notre sujet. L'année est stérile, la récolte manque, l'attente du Laboureur est trompée. S'exhalera-t-il en gémissemens, jettera-t-il les hauts cris, prendra-t-il la résolution d'égorger ses bœufs, & de briser sa charrue? Ce seroit l'action d'un insensé, d'un furieux. Point du tout : il dira sagement; l'année suivante, au pis aller, la troisième, la quatriéme, sera meilleure, & si je fais tout ce qui dépend de moi, pendant dix ans, vint ans, trente ans, il se trouvera au bout de ce terme qu'en multipliant le produit de ces années, & le divisant en égales portions, les années moyennes me payeront de mes peines, & compenseront suffisamment les pertes des mauvaises. Ainsi pense & agit le Sage. Il s'attend à une compensation finale, & il sait que pour y arriver il y a certaines choses à faire, dont l'omission est incompatible avec le but desiré.

Les

Les compensations ne sont donc pas fortuites ; c'est une premiere observation destinée à expliquer & à confirmer mon système ; en voici une seconde, c'est qu'elles ne sont pas homogenes, qu'on ne doit pas s'attendre à cette homogénéité, & qu'une erreur aussi mal fondée rendroit inutiles tous les efforts qu'on feroit pour obtenir une semblable compensation. Il suffit qu'en perdant une chose l'homme éclairé & vertueux puisse compter d'en obtenir, s'il fait ce qu'il peut & doit pour cela, une autre qui vaut pour le moins autant, & presque toujours mieux. On perd, pour ainsi dire, successivement tous les âges de la vie en passant de l'un à l'autre ; mais n'y a-t-il pas toujours à gagner pour ceux qui ont fait un bon usage des âges précédens, sans que la vieillesse même soit exempte de ce gain, malgré tant de pertes apparentes qu'elle fait. On perd la santé, & quelquefois on ne la recouvre jamais ; mais si cela conduit à la réflexion, à la maturité de l'esprit, au bon usage de ses talens, quel gain n'a-t-on pas fait ? Chacun comprend ce qu'il me seroit aisé de dire de la perte des grandeurs, des richesses ; de la beauté ; ce ne sont là des desgraces proprement ainsi dites

dites que pour ceux qui n'y veulent voir que le côté disgracieux; pour le Sage, ce sont de simples changemens de situation, & même des trocs avantageux. Pelliſſon, dans les cachots de la Baſtille, ne pouvoit pas prévoir la compenſation homogene qui l'attendoit. Mais il en trouvoit une ſuffiſante dans l'attachement généreux qu'il avoit voué à Fouquet, dans le plaiſir d'employer pour ſa défenſe tous les moyens que ſes lumieres & ſon bon cœur lui ſuggéroient. Cette ſituation d'eſprit lui permettoit s'amuſer avec ſon flageolet & ſon araignée, d'écrire avec des morceaux de plomb ſon Poeme d'Eurydamas; il couloit des jours bien plus fortunés que ceux de la plûpart des perſécuteurs du Surintendant.

Cette ſeconde conſidération me conduit à une troiſième à laquelle je me bornerai, pour ne pas abuſer de votre attention; c'eſt que les grandes compenſations, les compenſations réelles & décidées, ſont preſque toutes internes; mais que par là même, dès que nous ne ſommes ſuſceptibles, elles ne manquent jamais de nous dédommager & de nous ſatisfaire pleinement. Le Sage impaſſible eſt une chimere; le Sage heureux

reux & content dans l'infortune est une réalité, ou bien il n'y a point de Sage. C'est une belle idée que celle qui a fourni le titre d'un Ouvrage assez récent; *la jouissance de soi-même.* Quand le domicile intérieur est nettoyé, embelli, pourvu de tout ce qui peut en rendre le séjour commode & agréable, il n'y a, j'ose le dire, presque point d'effort & de mérite à parer les coups de la Fortune, à résister aux plus violens assauts du dehors. Les hommes ne sauroient construire de Citadelle imprenable; mais ils peuvent en porter une au dedans d'eux. Alors, à mesure qu'on paroit s'affoiblir, s'appauvrir, déchoir, quant à l'extérieur, on se fortifie, on s'enrichit, on prospère intérieurement; des débris même de tous les biens temporels on construit un édifice moins brillant, mais tout autrement solide. Cela est à la vérité incompréhensible pour l'homme charnel, pour le mondain aveuglé; mais ce n'est pas aux personnes de ce caractère que nous promettons des compensations.

Je m'arrête, mais ce n'est pas faute de matiere. Je pourrois vous faire voir diverses branches

ches de compensation très fécondes pour qui sait en recueillir les fruits. Combien n'y a-t-il pas à gagner, par exemple, à se défaire de toutes ces opinions qui sont comme autant de verres trompeurs, au travers desquels nous ne voyons jamais les choses comme elles sont ? Mais ce n'est guères que par l'expérience & à ses dépens qu'on se défait de ces opinions, qui, dans un âge brillant, & pendant le règne des passions, influent sur toutes nos démarches ? Qu'il est utile d'avoir de la fermeté d'esprit, de savoir se posséder, de ne jamais perdre la tramontane, à quelque extrémité qu'on soit réduit, à quelque danger qu'on se trouve exposé. Mais, pour être dans ces dispositions, ou du moins pour s'assurer qu'on y est, ne faut il pas avoir éprouvé ces extrémités, & ces dangers ? Seneque passe pour un déclamateur parce qu'il philosophoit au sein des grandeurs & de l'opulence. Epictete est un martyr : il brille de la gloire des martyrs ; il partage leur bonheur. Quels ne sont pas les effets admirables de la patience ! Peu s'en faut qu'elle ne dénature les maux, & les change en biens. Cette énumération ne seroit pas prête à finir si je voulois la rendre com-

complette. Toutes les Vertus y entreroient; car il n'y en a aucune qui ne porte avec elle sa récompense.

Virtus præmium est optimum, virtus omnibus
Rebus anteis profecto, libertus, salus, vita
Res, parentes, patria & prognati, tutantur, ser-
vantur.
Virtus omnia in se habet, omnia adsunt bona quem
penes est virtvs.

www.ingramcontent.com/pod-product-compliance
Lightning Source LLC
Chambersburg PA
CBHW070618170426
43200CB00010B/1837